KB018413

**거리에 선
페미니즘**

거리에 선
페미니즘

고등어 외 41인 발언 | 권김현영 해제
한국여성민우회 엮음

**여성 혐오를 멈추기 위한
8시간,
28800초의 기록**

궁리
KungRee

추천의 글

"거리에 등장한 수많은 '강남역 10번 출구들'에서 우리는 감응의 공동체였습니다. 다양하지만 기실은 하나였던 기억을 공유하고 서로의 슬픔과 고통에 공감했습니다. 이 경험을 통해 다시 등장한 우리는 상처와 상실을 안은 존재들이지만, 동시에 그것을 발판으로 앞으로 나아가는 자들입니다. 『거리에 선 페미니즘』은 그 뜨거운 말하기의 기록입니다. 여기에는 우리의 이야기, 감정, 지혜, 그리고 행동이 고스란히 녹아 있습니다. 세상을 바꾸는 우리의 모험은 이 기록으로부터 또다시 시작될 것입니다."

- 손희정, 페미니스트

"나는 우연히 살아남았습니다.' 이 명징한 문구의 충격을 잊을 수 없습니다. 어느 순간 하나둘 현장에 모여 스티커를 붙이고 마이크를 잡았고, 집단으로서의 여성들이 겪고 있는 일상적 차별과 폭력이 폭로되기 시작했습니다. 그 오래된 문제들이 날것 그대로의 모습으로 드러날 때의 그 감동과 울림, 이 책은 그 역사의 한 장면을 고스란히 담아냈습니다."

- 홍성수, 숙명여대 법학부 교수

"한국 남성은 강합니다. 다만 여성에게만 강하죠. 『거리에 선 페미니즘』은 여성에게만 센 척하는 한국 남성들에게 억울하게 당한 여성들의 경험담을 담고 있습니다. 이 책을 읽으면 여성들은 '나만 겪은 게 아니잖아?'라는 것을 깨닫게 되고, 문제가 있는 남성들은 '일부'가 아니라는 걸 알게 됩니다. 이제 어떻게 해야 할까요? 남성들이 그러지 못하도록 바꿔놔야겠지요. 다음 세대의 여성들도 이런 사회에서 상처받으며 살게 할 수는 없잖아요? 변화의 첫걸음은 깨달음이고, 이 책은 그 깨달음을 줍니다."

- 서민, 단국대 기생충학과 교수

"여성들은 성폭력의 피해자로서 어떻게 말할 수 있을까를 오랜 동안 고심해왔습니다. 필리버스터를 통해 여성의 발화를 통제해온 가부장제의 장막은 무너졌습니다. 이제 여성은 성폭력의 생존자일 뿐 아니라 성정치를 주도해갈 직접행동주의자로 거리에 서 있습니다. 모든 이가 이들의 발화를 청취하고, 읽고, 배워야 미래로 나아갈 수 있습니다."

- 김현미, 연세대 문화인류학과 교수

말하기는 계속되어야 한다

2016년 5월 17일 새벽 1시, 강남역의 노래방 화장실에서 살인사건이 발생했습니다. 가해자는 "여자들이 자기를 무시하는 것 같아 홧김에 살해했다"고 경찰 조사에서 진술했습니다. 화장실을 이용하는 남성 7명을 보내고 처음으로 들어온 여성을 살해했습니다. 이 사건이 있고 온오프라인에서는 '명백한 여성 혐오 범죄다' vs '묻지마 살인이다'는 구도로 논쟁이 이어졌습니다. 사고 다음날부터 수일 동안 강남역은 추모 포스트잇으로 뒤덮였습니다.

사건이 있고 이틀 사이로 SNS를 비롯해 많은 공간에서 여성들의 절망과 분노를 목격했습니다. 여성들은 모임에 참석해 울기도 하고 자신이 겪었던 성폭력, 가정폭력 경험을 이야기하기도 했습니다. 우리는 여성 살해나 폭력 사건을 일상적으로 접합니다. 아프지만 사실입니다. 하지만 이 사건은 그전에 보아온 여러 사건과는 달랐습니다. 여성들은 "그 자리에 내가 있었다면……"이라는 문장으로 시작되는 이야기로 충격과 두려움을 호소했고, 사회적으로는 '무언가라도 해야 한다'는 움직임이 폭발적으로 가시화되었습니다. 이 사건을 접하며 여성들은 공감, 애도, 분노를 넘어서 여성이라면 한 번쯤은 당해봤던 폭력의 경험들을 떠올렸고, 여성 폭력이 가해자 개개인의 일탈 문제가 아닌 사회 구조적 문제로 개입되어야 하는 이유와 배경, 변화에 대한 의지를 드러내었습니다.

왜 필리버스터인가

필리버스터는 의회 안에서의 다수파 독주를 막기 위해 이뤄지는 합법적 의사진행 방해 행위를 의미합니다. 테러방지법 통과 저지를 위한 필리버스터가 2016년 2월, 국회에서 192시간 넘게 진행된 바 있습니다. 이를 계기로 시민 필리버스터가 여러 광장에서 이어졌습니다. 강남역 살인사건이 일어나고 민우회에서도 여성들이 직접 자신의 말을 사회에 전달할 수 있는 장을 마련하고자 했습니다. 그래서 상징적 의미로 '필리버스터'란 기표를 차용하여 지난 5월 20일 신촌에서 〈여성 폭력 중단을 위한 필리버스터 "나는 ○○에 있었습니다"〉를 열었습니다. 사건이 발생한 시각인 새벽 1시까지, 8시간 동안 릴레이로 약 50명이 발언을 했습니다. 이 책 『거리에 선 페미니즘』은 그날 현장에서 발화된 내용들을 담아낸 기록입니다. 우리는 있는 그대로의 말하기를 통해 여성 혐오에 대한 공포나 두려움을 돌파하고자 했습니다.

필리버스터 홍보물이 나가고 언론사와 기자들의 전화가 빗발쳤습니다. "길거리에서 하면 너무 위험할 수 있지 않나, 여성분들만 있으니 조심해야겠다"는 공영방송의 한 기자의 걱정에 "이런 사건이 일어났고, 여성들에게 공포가 만연한 것은 사실이나 그렇다고 길거리도 못 나가면 우리가 어떻게 살겠나"라는 답변을 전하기도 했습니다.

발언을 모아내는 입장에서 큰 원칙을 정했습니다. 이 사건을 제3자의 위치에서 규정하거나 분석하는 말하기는 지양하자는 것이었습니다. 사건의 계기와 원인을 추상수위 높게 이야기하기보다 자신의 이야기에서 시작하면 좋겠다는 바람이었습니다. 필리버스터를 진행하면서 그것이 그저 우려였음을 느낀 것이 여성들은 '나'로 시작하는 발화 방식에 정말 익숙하단 것이었습니다. 사건이 있었던 그날 새벽 1시에 술집에, 거리에, 일터에, 집에 있었던 여성들은 피해자와 자신을 동일시했습니다. 우리는 어디에나 있고, 어디에나 있어야 하기 때문입니다. 그래서 필리버스터의 부제는 '나는 ○○에 있었습니다'로 정했습니다. 논리나 분석보다 공감으로 시간을 채워나가야 한다고 생각했습니다.

거리에 서다

대독을 포함해서 50여 명의 발화자들은 성추행, 성폭력 경험부터 외모로 인한 압박과 옷차림에 대한 검열, 대중교통에서 겪는 문제, 여전히 가족 내에서 존재하는 통금시간에 대한 이야기를 들려주었습니다. 대부분의 말들이 서사구조의 유사성을 띠었습니다. '여성으로서 자신이 겪었던 고통 → 강남역 사건이 특수한 것이 아니라 자신의 현재 및 과거와 연결되는 지점 → 지금까지 피했기 때문에 이 사건이 있었다는 자각과 죄책감 → 더 말할 것이며 변화를 위해 싸우겠다'는 이야기의 순서가 마치 각본화된 것처럼 비슷했습니다. 미리 그 순서를 정한 적도 그래 달라고 한 적도 없는데 말입니다. 그게 무엇이든 '여자 탓이다'라는 생각이 은연중에 퍼져 있는 사회 분위기 속에서 여성들은 몸과 마음으로 겪은 말들을 쏟아냈습니다.

참여자 중 반은 우연히 지나친 분들이었습니다. 나머지 반은 미리 발언을 신청한 분들이었습니다. 그분들과 통화하며 자신이 무슨 이야기를 해야 하는지 정확히 인지하고 있는 단

호함을 느꼈습니다. 그것은 두려움과 공포만이 아닌 자신의 위치에서 할 수 있는 것들을 행동하려는 힘이었습니다. 발언자 중에는 여성정치인, 여성학자도 있었습니다. 자신의 자리에서 늘 이 문제를 고민하고 행동하던 분들이었습니다. 발언자 중에는 남성도 있습니다. 남성의 발언을 제한해야 할까 고민이 들었던 것도 사실이지만 이 문제를 해결하기 위해서는 성별을 넘어서 사회 문제로 정의하고 성찰의 문화를 만들어내기 위해 남성의 참여도 있어야 한다는 생각에서였습니다.

뜻밖이었던 것은 성폭력 피해 경험은 익명성이 보장된 폐쇄된 공간에서만 발화 가능할 것이라는 생각과 달리 신촌역 한 복판에서 언론사의 생중계가 이어짐에도 불구하고 자신의 이야기를 이어간 모습에서였습니다. 오후 5시부터 새벽 1시까지 이어진 말하기는 중간의 끊어짐 없이 계속되었고 오히려 시간관계 상 신청자를 제한할 정도였습니다. 이것이 가능했던 이유에 대해서는 '거리'의 힘이라고 생각했습니다.

남성 중심 사회의 핵심적 정서는 여성의 경험을 있는 그대로 믿지 않는 것입니다. 여성의 취향, 경험, 고통, 말을 사사롭게 취급하는 것과 관련이 있습니다. 여성들에게는 자신의 경험을 말할 수 있는 장소는 자주 주어지지 않습니다. 여성들의 경험이 사회적으로 공론화되기 어려운 것은 말할 수 없기 때문이 아니라 들으려 하지 않기 때문이며, 경험이 없기 때문이 아니라 경험에 쉽게 낙인찍으려 하기 때문이고, 드러내는 것이 두려운 것이 아니라 드러낼 장소가 부재하기 때문입니다.

8시간 동안 현장의 분위기는 뜨거웠습니다. 200여 명 가까운 분들이 오며 가며 그 장소에 함께 있었습니다. 그 자리에 모인 분들은 발언을 들으며 함께 울기도 하고 집중도 높게 이야기를 경청했습니다. 매 발언 끝에는 지지의 박수가 힘차게 울렸습니다. 사전에 준비하며 혹여나 방해나 해코지가 있을까, 적절하지 않은 발언이 있을까 우려했지만 그런 일은 없었습니다. 서로가 서로의 이야기를 지켜주었습니다.

"왜 이렇게 떨리는지 모르겠다"며 마이크를 잡아준 43명, 멀리서 무엇이라도 하고 싶다며 메일로 대독을 요청해주신 7명의 발언자 분들의 용기로 이 책은 출판될 수 있었습니다. 기꺼이 녹취 작업을 해주신 스머프 님, 썸나잇 님, 햇살 님과 더불어 촉박한 일정임에도 의미 있는 작업에 함께하고 싶다며 출판에 응해주신 궁리출판사에게도 감사의 인사를 전합니다.

익숙하고 당연하게 여겨지는 여성에 대한 폭력을 항상 낯설게 바라봐야 한다는 것, 그리고 거기서 시작하는 변화의 이야기를 함께 써나가야 한다는 것을 이 책을 통해서 많은 이들이 느낄 수 있기를 바랍니다. 또한 여성의 말하기는 계속되어야 한다는 믿음과 함께 이야기의 장소가 더 많아지기를 바랍니다.

2016년 11월
한국여성민우회

차례

"자신의 권리를 지키려 일어나는 여성은 모든 여성을 위하여 일어나는 것과 마찬가지이다. 설사 본인은 깨닫지 못하더라도, 설사 자신이 다른 여성을 위한다고 주장하지 않더라도 말이다."

●

마야 엔젤루

두려움을 떨치지 않으면
아무것도 바꿀 수 없습니다.

●

저는 대한민국에서 살고 있는 한 여성입니다. 밤 9시 30분쯤에 이곳 신촌에 도착했습니다. 막 도착했을 때 기분이 정말 좋았습니다. 왜냐하면 거리 곳곳에 버스킹을 하는 사람들, 즐기는 사람들, 젊은이들의 활기? 이런 것들이 자유롭고 안전하고 따뜻하게 느껴졌기 때문입니다. 그런데 어쩌면 이러한 즐거운 밤거리가 우리 사회 구성원의 절반에게만 해당되는 안전함이고 즐거움이지는 않을까 하는 생각이, 이는 문제가 있는 것이 아닌가 하는 생각을 했습니다. 오늘 아침에 이 자리에 서겠다고 신청서를 보내었을 때 저의 감정은 분노였습니다. 23세밖에 안 된 어린 여성분이 아무 죄 없이 죽었기 때문입니다. 미디어에서 다뤄지는 모습, 사람들이 이야기하는 방식을 보자니 분노가 치밀어서 참을 수가 없었습니다. 이 사건을 처음 접했을 때 저를 아끼는 분들에게 연락을 많이 받았습니다. "조심해", "밤늦게 돌아다니지 마", "위험해". 저는 이 말이, 저를 억압하려는 의도가 없고 저를 걱정해서 한 말이라는 것을 너무나 잘 알고 있습니다. 하지만 동시에 우리가 반드시 알아야 할 사실은 이런 말들이 여성들에게 폭력이 되고 있다는 것입니다.

거리에 선 페미니즘

조심하라고 말하는 엄마에게 엄마의 말이 왜 폭력이 될 수 있는지, 엄마의 말이 왜 여성 혐오의 프레임으로 덧씌워져 있는지를 장문의 카톡을 보내서 설명했습니다. 엄마는 저한테 이렇게 말씀하셨어요. "그래 네 말이 맞는 거 같아. 미안해. 근데 그러면 나는 뭐라고 해야 되니? 나는 딸 가진 엄마로서 너무 세상이 무서운데 뭐라고 해야 되니?" 그 말을 듣고 엄마한테 말했어요. "여성 혐오가 만연해 있는 사회를 바꿔야지" 이랬더니 엄마가 또다시 물어보셨습니다. "어떻게 바꿔?" 그래서 저는 생각을 해봤습니다. '어떻게 바꾸지? 사회에 문제가 있는 건 분명히 알겠는데, 어떻게 하지?' 제가 생각한 답은 일단 저도 모르겠다는 것이었습니다. 제가 알면 이러고 있지 않았겠죠. 그렇지만 그 시작을 어렴풋이나마 알 것 같습니다. '우리 사회 구성원의 대다수가, 우리 한 사람, 한 사람이 뭔가 문제가 있다'는 것을 알아채는 것에서부터 그 방법을 찾아갈 수 있을 것입니다.

미디어에서 이 사건을 다루는 방식은, 여성 혐오의 프레임에서 정말 조금도 벗어나 있지 않았습니다. 미디어에서 피해자를 '○○녀'라고 부르고 가해자 중심의 보도를 접했을 때 놀랍지도 않았습니다. 입에 담을 수도 없는 댓글들을 보고도 전혀 놀랍지 않았어요. 그동안 너무도 많이 접해왔던 것들이라……. 하지만 제가 놀랐던 것은 제 주변의 남자들, 그러니까 아이디로만 존재하는 사람들이 아니라 제가 알아왔고 교류가 있었던 남성분들의 반응이었습니다. 충격적이었어요. "왜 남자를 싸잡아서 비난하느냐", "이건 정신병자가 저지른 살인사건인데 왜 여성 혐오로 몰아가느냐", "왜 남녀 편 갈라서 싸워?", "우리는 같이 해결을 해야지", "왜 당한 일만 얘기하고 힘들다고만 얘기해?", "남자도 살기 힘들어" 하는 자체에서 그들은 이미 여성들의 어려움에 공감하지 못하고 있었습니다.

우리나라에 사는 여자라면 거의 99.9퍼센트는 성추행, 성폭력 경험이 있다는 생각을 합니다. 하지만 이 사회 구성원의 반을 차지하고 있는 남성분들께서 이러한 사실을 인지하지 않는다면 이 논의는 굉장히 공허할 수밖에 없다고 봅니다. 제가 페이스북에서 며칠 동안 여러 남성분들과 피 터지는 댓글을 통한 논쟁을 벌이고 여기까지 나온 이유는, 제가 아는 남성분들을 비롯해서 제가 알지 못하는 다수의 남자분들에게 꼭 이 말을 전하고 싶었기 때문입니다. 지금 여성들이 이 사건에 대해서 분노하고 슬퍼하고 목소리를 내고자 하는 이유는 남자가 싫어서가 아닙니다. 남녀 싸움을 조장하기 위함도 아닙니다. 단지 문제가 있으니까 한번 해결을 해보자는 것입니다. 그런데 그 문제가 있음을 인정조차 하지 않는다면, 어떻게 우리가 논의를 하고 해결해나갈 수 있겠습니까?

변화는 잘못됐다는 알아차림 없이는 절대 이루어지지 않습니다.

저는 프리랜서입니다. 마감을 며칠째 못하고 있어요. 프리랜서가 마감을 못한다는 것은 돈을 못 받는 것이고 돈을 벌지 못하면 굶어죽을 수도 있습니다. 그것을 생각하면 사실 지금 제가 여기서 이러고 있을 때가 아니에요, 저의 생존을 위해서는. 하지만 그런 두려움보다 이 사회에 만연한 여성 혐오로 인해서 저뿐만 아니라 수많은 사람들이 죄 없이 피해를 당할 수 있다는 것에 대한 공포가 훨씬 컸습니다. 그래서 생계를 팽개치고 이 자리에 나왔습니다. 이 자리에 나온다고 했을 때 제 주변 분들한테 많은 지지와 응원을 받았습니다. 그 지지와 응원 중에서는 남성분들도 있었고요. 하지만 여전히 많은 분들이 제게 두려움을 보이며 이렇게 말했습니다. "조심해야지." 무엇에 대한 조심을 해야 하는 것일까요. 저는 조심해야 한다는 바로 그 두려움을 떨치지 않으면 아무것도 바꿀 수 없다고 생각합니다.

이 자리에 올까말까 망설였지만 이렇게 여러분이 제 말을 들어주는 자체가 참 감사하고 오길 잘했다는 생각이 듭니다. 제게 "거기 나가서 말해 뭐 할 거냐"고 했던 분들에게 말해주고 싶습니다. 이게 시작입니다. 멀게는 프랑스 혁명부터 시작해서, 변화는 기존의 것이 뭔가 잘못되었다는 인식 없이는 절대 이루어지지 않았습니다. 뭔가 잘못되었다고 느끼는 피해자들, 약자들, 소수자들이 목소리를 내지 않는데 기득권자들과 사회 시스템이 알아서 바꾼 예는 단 한 번도 없습니다. 그렇기 때문에 여성 폭력 중단을 위해서 작은 목소리나마 끊임없이 떠들고 소리 지르고 외쳐야 한다고 생각합니다. 그래서 한 사람의 존엄한 인간으로 이 땅에서 살아남으려고 합니다. 끝으로 살아남지 못했던 23세의 그분을 추모하며 저의 말을 마칠까 합니다. 여러분 들어주셔서 감사합니다. ∞ 조은정

더 이상 물러날 곳이 없습니다.
지금 서 있는 이곳이 바닥이고 절벽입니다.

●

안녕하세요. 많은 용기를 내어 이 자리에 섰습니다. 오늘 날씨가 좋네요. 햇살도 따뜻하고 기분 좋은 바람이 붑니다. 하늘도 예쁘고요. 그렇기에 더 비참한 마음이 듭니다. 해가 뜨고, 바람이 부는 것처럼 안타깝게 돌아가신 피해 여성분도 당연히 이 좋은 오늘을 맞이했어야 합니다. 이것이 우리가 이렇게 비통한 마음을 담아 그를 추모하는 이유입니다. 그의 당연한 권리, 행복한 삶을 살 권리가 무너졌습니다. 단지 그가 여자라는 이유만으로 말입니다. "여성을 대상으로 했기 때문에 그때 들어온 다른 남성은 일부러 해치지 않고 내보냈다고 한다." 가해자와 면담한 한증섭 형사과장님의 말을 인용하고 싶습니다.

묻지마가 아닙니다. 이것은 명백히 여성이라는 성별 집단을 타깃으로 한 혐오 범죄입니다. 동양인을 대상으로 했기 때문에 다른 인종은 일부러 해치지 않았다고 바꿔 생각해보세요. 이럴 경우 명백한 인종차별 살해가 되듯이 이번 사건도 마찬가지입니다. 이 땅의 누구라도 여성이라면 살해당할 수 있는 가능성이 있었던 것입니다. 남 일이 아니라 바로 나의

"여성과 남성의 평등을 인정하는
누구든 페미니스트이다."

●

글로리아 스타이넘

안전이 위협받는 명백한 징후로 읽히는 사건입니다. 제가 그 시간, 그 장소에 있었으면 이 자리에 설 수조차 없었다는 말이기도 합니다. 이것이 이 사건에 많은 여성들이 분노하고 두려워하는 이유입니다.

남 일이 아닌 내 일이 되었기 때문에 여성들은 더 이상 물러날 곳이 없습니다. 지금 서 있는 이곳이 바닥이고 절벽입니다. 강력범죄 피해자의 성별 중 89퍼센트가 여성인 지금의 한국의 현실에서 치안이 가장 안전한 나라라는 말은 그저 먼 나라의 이야기로 들리며 우리는 안전한데 왜 너네만 유난이냐는 입막음에 다름없습니다. 대한민국이 보장하는 안전은 특정한 누군가에게만 허용된 권리입니까?

자신만은 무결한 세상에서 산다고 생각하는 것은 위험한 일입니다.

사실 이 두려움은 내가 타깃일 수 있다는 것에만 국한되는 것이 아닙니다. 가장 심각한 문제는 가해자의 변명을 그대로 유통하고 그의 범죄를 은연중에 납득하고 있는 사회적 현실입니다. 왜 살인사건 기사에 가해자의 꿈이 목사였다는 사실이 중요하게 보도되는 것이며 여성에게 무시를 당해서라는 그의 변명이 필요한 것일까요. 그가 미래에 의사가 되든 변호사가 되든 재벌이 되든 사건과는 아무 상관이 없습니다. 그는 현재 살인자고 자신이 저지른 죗값을 혹독히 치러야 하는 사람입니다. 또한 어떤 여성이든 누군가를 무시했다고 해서 그것이 죽어야 할 이유가 되지는 않습니다. 언론이 그의 꿈을 대서특필하고 마치 살인의 원인이 피해자에게 있는 듯한 문장이 자체적인 비판 없이 수용된다는 것을 이해할 수 없습니다. 이런 기본적인 인식부터 대한민국은 뒤틀려 있습니다. 그것에 더욱 두려움을 느낍니다. 이 사회는 가해자의 편이라는 것을 체감했기 때문이에요. 또 다른 피해자가 나온다고 하더라도 그건 피해자가 조심하지 않아서 뭔가 잘못을 했기 때문에 죽은 거니 너도 조심하지 않으면 안 된다고 말할 사람들이 내 주변에 가득하니까요.

여자인 저 또한 여성 혐오에서
자유롭지 않습니다.

이 비극적인 사건이 그저 끔찍한 범죄로, 많고 많은 그저 그런 사건 중 하나로 끝나서는 안 된다고 말하고 싶습니다. 다시는 이러한 피해자가 없어야 하며 이 땅의 수많은 여성들이 일상적으로 겪는 불안과 고통이 해소되는 사회를 만들어

거리에 선 페미니즘

야 합니다. 여성이기 때문에 안전하지 않은 것이 당연하다고 말하는 사회 대신에 말입니다. 그러기 위해서 우리는 우리 안의 불편함을 인정하고 직시하고 싶지 않았던 현실을 마주봐야 합니다. 내 일이 아니라고 방관하는 사이 나는 피해자가 아니라고 타인의 죽음을 가볍게 소비하는 사이 우리는 많은 것을 잃었습니다. 우리가 모르는 사이에, 모른 척하는 사이에 우리가 설 수 있는 곳은 점점 좁아지고 있습니다. 그렇기 때문에 더욱 내가 속한 공동체 안의 혐오를 민감하게 돌아보고 반성해야 합니다.

"이 사회에 여성 혐오는 없어", "여자가 연애에서 더 갑이니 여성우월주의 사회야", "난 여잔데 내가 무슨 여성 혐오를 해?", "난 여자를 좋아하는 남잔데 왜 나한테 여성 혐오자라고 해?"라고 말하기 전에 한 번만 더 생각해보았으면 합니다. 여자인 저 또한 여성 혐오에서 자유롭지 않습니다. 1년 전만해도 저는 "여자가 따라주는 술이 더 맛있잖아"라고 말하며 남자 동기들에게 술을 따라주었고 남자들이 좋아하는 옷, 좋아하는 행동, 남자들이 원하는 여성이 되도록 노력했던 사람입니다. 여성은 여성이기 전에 인간입니다. 여성을 여성으로 규범화, 일반화하려는 모든 시도들이 여성 혐오입니다.

자신만은 무결한 세상에서 산다고 생각하는 것은 굉장히 위험한 일입니다. 어떠한 차별에도 침묵하지 마십시오. 악에 분노하고 정의를 선택하고 약자를 보호하고 고통에 공감해야 합니다. 그것이 인간으로서 지킬 수 있는 가장 위대한 선량함이며 이 사회를 더욱 정의롭게 만드는 지름길입니다. 특히 지금 같은 시대에는 이런 정의를 따르는 것이 무엇보다 중요합니다. 영웅은 영화에만 존재하지 않습니다. 남자와 여자의 대결구도로 만들지 말하는 사람들에게 말하고 싶습니다. 여자들도 모든 남자들이 가해자가 아님을 알고 있습니다. 불의에 맞서 연대하고 우리의 고통을 알아달라 말하고 있을 뿐입니다. 더 좋은 세상, 우리 모두에게 안전한 세상을 만들기 위해 연대가 필요하다고 말하고 싶습니다. ∞ 오희

어렸을 때도 '여성스럽지'
않았습니다.

●

　　안녕하세요. 아까보다 사람이 정말 많아졌네요. 사실은 나와야 할까 말아야 할까 좀 많이 망설였습니다만, 제 이야기를 할 수밖에 없겠다고 생각했고 강남역 사건을 보면서 떠오르는 기억들이 좀 있었습니다. 지금으로부터 한 20년 전의 일인데, 그것을 잘 생각하지도 않는데 잊지도 않았던 일입니다. 많은 사람들이 "하고 많은 살인사건인데 왜 이렇게 많은 여성들이 분노하고, 거리로 나오고, 내 이야기를 들어달라고 하는지 잘 이해 안 간다", "너무 과도한 것 아니냐", "정신이 안 좋은 사람이 그냥 사람 죽인 거 아니냐", "피해자가 불쌍하긴 하지만 굳이 여자라고 더 추모해야 되나", "그 여성 죽음 하나 때문에 왜 여성들이 저렇게 난리를 치냐?"고 이야기합니다. 저도 친한 사람이 그런 말을 해서 '아 말하지 않으니까 그간에 여성들이 겪는 모든 일들이 없는 일처럼 되는구나. 더 불편하더라도 말해야겠구나'라고 느꼈습니다. 그래서 오늘 이 자리에서 가까운 사람에게도 하기 어려웠던 제 이야기를 해보려 합니다.

　　6~7세 때도 저는 여성스럽지 않았습니다. 좀 남자아이 같

았죠. 당시 같은 동네에 저를 이유 없이 괴롭히는 중학생 오빠가 있었습니다. 그 사람이 저를 괴롭히기 시작할 때마다 내뱉는 말이 있었습니다. 저에게 "너 여자야?", 제가 "네"라고 하면 "너 여자 같지 않잖아"라면서 따귀를 때렸습니다. 무서웠습니다. 언젠가 그 사람이 "너 여자야?"라고 물어보았을 때 저는 안 맞으려고 "아닌 것 같은데……"라고 했습니다. 그러자 그 사람은 제게 "너 여자인데 거짓말해?" 하고 따귀를 때렸습니다. 그렇게 저는 2~3년 동안 괴롭힘을 당했습니다. 그 사람이 저를 괴롭혔던 것은 그냥 제가 여자처럼 조신하지 않고 고분고분하지 않아서였습니다. 물론 그 괴롭힘에는 돈 뺏기, 때리기부터 성적 괴롭힘까지 다양하게 있었습니다. 그때 느꼈던 것이 어린 마음에도 이 사람이 나를 죽일 수도 있겠다는 생각이 들었던 기억이 납니다. 실제로 그 사람이 돌을 던져서 머리를 꿰맨 일도 있었습니다. 제 경험이 이번 사건과 무슨 상관이 있느냐고 생각하실 분도 있을지 모릅니다. 하지만 저는 그 기억이 떠올랐습니다. 그때는 '내가 잘못해서 저 오빠가 나를 괴롭히나?', '저 오빠가 가지는 적대감의 원인이 나에게 있나?', '내가 좀 더 여성스럽고 그 오빠의 마음에 들면 나를 때리지 않을 수 있지 않을까?'라고 생각했었습니다. 그리고 그 생각을 버리기까지 아주 오랜 시간이 걸렸습니다.

"남자들은 여자들이 자신을 비웃을까 두려워하고, 여자들은 남자들이 자신을 죽일까 두려워한다."

●

마가렛 애트우드

분노가 부족합니다.
더 불편하더라도 말해야 합니다.

그런데 나중에는 이런 경험이 저 혼자만의 경험이 아니라는 것을 알게 되었습니다. 터놓고 이야기했을 때 성희롱이라든지 성폭행 경험이 없는 여성들이 정말로 없었기 때문입니다. 믿기지 않으실 수 있습니다. 어떤 분들은 수많은 여성들이 성별로 인한 괴롭힘을 '다 당했다'고 하면 너무 작은 일을 크게 이야기하는 것 아니냐고 반응하기도 합니다. 하지만 지금 이 자리에서 제 이야기에 고개를 끄덕여주시는 여성들 대부분이 제 이야기에 공감하고 있을 것이라 생각합니다. 저는 제 경험이 특별하다고 생각하지는 않습니다. 물론 저에게는 큰 사건이었지만요. 그럼에도 불구하고 저는 잘 살아남았고 잘 살고 있는 것 같습니다. 하지만 우리가 알게 모르게 폭력을 당하며 신체적 정신적으로 죽어가는 여성들이 많이 있다는 사실을 기억해주시기 바랍니다. 그들의 이야기에 귀 기울여주세요.

우리의 분노가 이 사건 하나만이 아니라는 것을 말해야 할 필요가 있습니다. 세상의 이해 여부를 떠나 우리가 먼저 소리 내어 말해야 할 필요가 있다고 생각합니다. 힘들더라도 말하

거리에선 페미니즘

자! 그러한 소통을 통해 내 경험과 너의 경험이 다 연결될 수 있다는 것을 느끼면서 살았으면 좋겠습니다. "우리의 분노는 눈치 볼 필요가 없다, 이해받을 필요도 없다, 그냥 분노하자" 라고 말하고 싶습니다. 분노가 부족합니다. 우리는 가해자를 이해하려 노력하지 않아도 됩니다. 제 이야기는 여기까지입니다. ∞ 눈사람

제가 이런 경험을 한 것은
제가 여성이기 때문이었습니다.

●

　　안녕하세요. 저는 바람이라고 합니다. 어제 강남역에
다녀왔습니다. 그곳에 도착해 한참을 멍하니 서 있었습니다.
그러다 한 남성분이 여성분들에게 이야기하는 소리를 들었
습니다. 아가씨라고 하며 "밤늦게 자기가 돌아다니다가 죽은
건데 이렇게까지 해야 되느냐"라고요. 그 자리에서 많은 분들
이 망연자실하게 그 남성을 바라보는가 하면 그 남성과 실랑
이를 하는 분들도 있었습니다. 그 남성이 저에게도 와서 말을
걸었습니다. "아가씨, 나랑 이야기 좀 나눌래요"라고. 그 사람
은 거기 많은 남성들이 있음에도 불구하고 유독 여성들에게
만 그렇게 이야기를 걸고 다녔습니다.

　　많이들 "일반화하지 마라, 남자들이 모두 가해자가 아니다"
라고 이야기합니다. 물론 저도 알고 있습니다. 저도 일반화하
지 않고 싶고, 그리고 일반화하지는 않습니다. 하지만 저의 경
험들을 몇 가지 이야기하고 싶습니다. 공교롭게도 제가 그동
안 겪은 성폭력들은 모두 남성들이 저지른 일이었습니다.

　　지하철 5호선에서 3호선을 갈아타는 역이었습니다. 저는

거리에선 페미니즘

에스컬레이터를 타고 올라가고 있었습니다. 시간은 밤 12시 정도 된 시간이었는데 한 여성분이 제 앞에 있었고, 그 여성분 뒤에 한 남성분이 있었고 그 뒤에 제가 있었습니다. 그런데 그 남성이 본인의 주머니에서 핸드폰을 꺼내서 앞 여성의 치마 밑으로 핸드폰 카메라를 집어넣는 것이 보였습니다. 그때 그 모습을 보고 너무 놀라서 뭐라고 한마디를 했어야 했는데, 바로 두려운 마음이 들었습니다. '지금 혼자인데 뭐라고 이야기했다가 나도 어떤 해코지를 당하면 어떡하나' 하는 심정에 부끄럽게도 그냥 그 장면을 바라만 보았습니다. 그때 제 모습이 후회가 됩니다.

또 한 번은 더운 여름날이었습니다. 목이 좀 파인 티셔츠를 입고 지하철을 타고 가고 있는데, 어떤 남자분이 제 가슴을 노골적으로 쳐다보았습니다. 그때 어떻게 해야 되나 하고 있다가 "아저씨 지금 어딜 쳐다보시는 거예요"라고 한마디 했습니다. 그 남성은 자기한테 왜 그러냐며 내릴 때까지 한쪽만 직시하면서 가더라고요. 그 한마디를 하면서도 한편으로는 무서웠습니다.

또 지하철에서 있었던 일입니다. 제가 작년에 다리를 다쳐서 휠체어로 지하철을 이동하고 있었습니다. 휠체어를 타고 이동을 해야 했기 때문에 엘리베이터를 타야 했습니다. 버튼을 누르고 그 안에 들어가다가 저도 잘 보이지 않으니까 한 남성의 다리를 휠체어로 치게 되었습니다. 그때 그 아저씨가 저에게 하는 말이 "어디 어린년이 치고 다니냐. 너는 눈도 없냐"고 하면서 아침에 욕 한 바가지를 얻어먹었습니다.

그렇게 지하철에서 많은 일들이 있었습니다. 제가 이런 경험 한 것은 제가 여성이기 때문이었습니다. 강남역 뉴스를 접하고 다음날 아침에 출근길에 많은 여성들의 모습을 보았습니다. '내가 겪었던 경험들, 그리고 내가 느끼는 이 공포를 이 거리를 걷고 있는 이 여성들도 똑같이 겪고 있겠구나.' 그런 마음이 들었습니다. 내가 무서워할 이유가 아니라고 마음을 되뇌긴 했지만 무서움은 여전히 제 안에 존재하고 있습니다.

내 존재로서 자유롭게 거리를 활보하고
살아갈 수 있기를 바랍니다.

강남역에서 그렇게 아저씨를 보고 멍하니 앉아 있었을 때 우연히 아는 친구를 만났습니다. 우리는 서로 말하지 않았습니다. 그저 그 자리에서 함께 울었습니다. '서로 느끼는 감정이 있었기 때문에 울지 않았을까' 생각했습니다. 친구랑 저녁

거리에 선 페미니즘

을 먹고 헤어질 때 친구가 저한테 이런 이야기를 했습니다. "'조심히 들어가'라고 말하는 거 여자애들 사이에서만 그렇게 인사하는 거 알아?"라고요. 일상적으로 우리는 저녁에 헤어질 때 "잘 가. 조심히 들어가"라고 이야기합니다. 택시를 타고 귀가할 때는 몇 번 택시를 탔는지 기억하고 집에 들어가면 꼭 문자나 전화를 하라고 이야기합니다. 그것이 지금 우리가 살아가고 있는 현실의 민낯을 보여주는 것이 아닐까요? 남성분들도 그렇게 생각해보셨으면 좋겠어요. 헤어질 때 택시번호를 카톡으로 공유하고 잘 들어갔는지 안부를 묻는지. 우리는 항상 그런 염려와 걱정을 가지고 살아가고 있습니다. 조심하라는 말이 필요 없는 세상이 있다면 어떤 모습일까요. 저는 내가 내 몸가짐을 제대로 하는 것이 아니라 정말 누구나 어떤 모습을 하든 어떻게 살아가든 어떤 성별이든 어떤 연령대이든 내 존재로서 자유롭게 거리를 활보하고 살아갈 수 있기를 바랍니다.

저는 누가 나를 지켜주는 것이 아니라 그냥 내 존재로서 안전하게 살아갈 수 있는 세상을 요구합니다. 그런 날이 오기를 간절히 바랍니다. 한국이 정말 이상한 나라라고 한탄만 하는 것이 아니라 작은 변화라도 함께 시작해나갈 수 있도록 더 이야기하고 조금씩 걸어 나갈 수 있으면 좋겠습니다. ∞ 바람

"페미니즘은 여성을 강하게 만
드는 것이 아닙니다. 여성들은
이미 강합니다. 페미니즘은 강함
에 대해 세계가 인식하는 방식을
바꾸는 것입니다."

●

G. D. 앤더슨

그들이 성범죄에 복장과 시간을 들먹이는 건
좋은 변명의 구실이 되기 때문입니다.

●

　　저는 삼십대 중반의 여성입니다. 지금까지 제가 겪는 불편을 불편이라고 느끼면서도 그에 따르는 불편을 어디에 토로해야 할지 알 수가 없었습니다. 아무도 들어주지 않을 거라고 생각했고 여자의 삶은 불편한 게 당연하다고 생각했기 때문입니다. 제가 아주 어릴 때부터 어머니가 지금까지 늘 하시는 말씀이 있습니다. "치마를 너무 짧게 입지 마라. 화장을 진하게 하지 마라. 공중 화장실에 가지 마라. 밤늦게 돌아다니지 마라." 모든 것은 저의 안전을 걱정해서 덧붙이는 말씀이시죠. 사회도 여자들에게 그것을 요구합니다. 혹시라도 성범죄가 일어나면 그들은 가해를 한 남성이 아닌 피해를 당한 여성의 옷차림과 시간, 장소부터 살펴봅니다. 그들의 규범에서 어긋난다 싶으면 그 범죄는 그렇게 하고 다닌 피해자의 책임이 됩니다. 그들이 성범죄에 복장과 시간을 들먹이는 것은 좋은 변명의 구실이 되기 때문입니다. 하나라도 어긋나면 그것을 구실로 여성의 탓으로 돌릴 수 있으니까요.

　　이런 구조는 대체 언제부터 시작된 것일까요. 과연 끝나긴 하는 걸까요. 전 크게 원하는 것도 없습니다. 몰카에서 자유롭고 싶고, 야근을 마치고 걷는 밤길이 무섭지 않았으면 좋겠고, 지하철이나 버스에서 다른 남성의 시선을 받지 않았으면 좋겠고, 누가 내 앞에 서면 날 추행할까봐 움츠러들지 않았으면 좋겠고, 누군가는 날 도와줄 거라는 희망을 빼앗기기 싫고, 내가 피해자가 됐을 때 어쩌면 경찰과 국가는 나에게서 등 돌릴지도 모른다는 끝도 없는 불안에서 벗어나고 싶습니다. 아주 사소한 것들이죠. 여성들만이 공감할 수 있는 아주 사소한 자유입니다.

살인범은 그저 여자라는 이유로 죽였습니다. 그가 꾸준히 주장하고 있는 사실입니다. 조심할 만큼 조심했는데도 희생된 희생자를 새벽 1시가 넘었다는 이유로 그녀 탓을 하는 이도 있습니다. 그것에 분개한 다른 여성의 심정을 이해 못하는 남성들도 많습니다. 그들을 다 이해시키는 건 불가능하다고 생각하지만, 적어도 이런 자리에서 목소리 높이는 여성을 더 이상 무시하지 말아줬으면 좋겠습니다. 그녀들의 목소리를 더 가까이서 들어줬으면 좋겠습니다. 일생을 타깃이 되지 않으려고 발버둥치는 피로한 그녀들의 삶을 제발 조롱하지 말아줬으면 좋겠습니다. 제가 원하는 건 그 정도뿐입니다.

국가에 원하는 건 다릅니다. 하루 빨리 여성 치안을 위해 노력하는 모습을 보여주셨으면 좋겠습니다. 미디어는 더 이상 여성을 XX녀로 싸잡아 보도하지 말아주십시오. 가해자의 미래를 걱정하지 말아주십시오. 어린아이를 성폭행한 괴물이 징역 10년 미만을 받게 하지 말아주십시오. 우리 주변에 쓰레기처럼 나뒹구는 모든 여혐의 시선을 똑바로 주시하고 확실히 바로잡아주십시오. 제발 부탁드립니다. ∞ Y**

혐오의 화살은 자신보다 약하다고 여겨지는 이들에게 향합니다.

●

　　이런 자리는 처음이라 정말 떨립니다. 제 이름은 윤나리입니다. 여기 함께 온 반려견 포카의 언니입니다. 그리고 이 개는 6개월 된 강아지입니다. 작년 11월부터 저희가 가족이 되었는데 그때부터 산책을 거른 날이 다섯 손가락 안에 꼽을 정도로 거의 매일 산책을 나가고 있습니다. 저는 오늘 이 자리에서 제가 매일같이 산책을 나갈 때 겪었던 일들에 대해서 이야기를 하려고 합니다.

　　그저께였습니다. 친구가 무심코 포카가 요즘 많이 자라서 길에서 시비 거는 사람이 적겠다고 말했습니다. 생각해보니 정말 그런 것이었습니다. 포카가 지금보다 어릴 때 사람들이 어찌나 시비를 걸던지 힘들 때가 많았습니다. 주로 남성분들이었습니다. "개 종류가 뭐냐? 믹스라고?", "그럼 똥개네", "개를 어떻게 집에서 키우냐"부터 시작해서 "개 몸매가 참 좋다", "저 엉덩이 좀 봐라"라는 희롱까지 있었습니다. 여러 가지 참견을 많이 받아왔었는데 어느 순간부터 그런 말들이 싹 사라진 느낌이 있었습니다. 그런데 그게 다 끝난 게 아니었습니다. 묘하게도 말 이외 것들을 알게 되었기 때문입니다. 바로 불쾌한 시선입니다. 처음엔 그게 뭔지 저는 전혀 알 수가 없었습니다. 다만 개를 데리고 지나갈 때 가던 걸음을 멈추어서는 오만상을 찌푸리면서 위협적으로 저의 개와 저를 위아래로 훑어보는 시선들이 있었습니다. 초반에는 그들이 그러는 이유를 전혀 알 수 없었는데 어느 날부터 그냥 자연스럽게 알게 된 것 같습니다.

그들이 저의 개를 무서워한다는 것입니다. 개를 무서워하는 사람은 많이 있습니다. 항상 다닐 때 정말 종종 봐요. 그걸 알기 때문에 통행로에서는 언제나 조심히 다니려고 노력하고 있습니다. 하지만 개를 무서워하는 사람이 혐오의 눈빛을 쏟지는 않지요. 보통은 "아휴 무섭다. 깜짝이야", "제가 사실 개를 싫어해요"라는 식의 이야기를 해주시긴 합니다. 그러면 저는 길 가장자리에서 잠시 멈추었다가 가거나 줄을 거의 바짝 잡는데 무섭다고 말을 하면 되는 것을 예측할 수 없는 혐오로 표현하는 남성들을 볼 때마다 바짝 긴장하게 됩니다.

대형견을 키우는 한 친구의 말로는 목줄을 메고 공원을 산책하러 나가도 그렇게 아저씨들이 참견을 한다고 합니다. "그렇게 큰 개를 공공장소에 데리고 나오면 어떻게 하냐"며 고함을 지르기도 한답니다. 저 역시 그런 일을 당한 적이 있습니다. 친정에도 개가 있고요. 그곳은 도시 외곽의 시골동네라서 개를 키우는 집이 많이 있습니다. 그곳에 들어가려면 비밀번호 자물쇠를 풀어야 했는데 저는 그것이 번거로워서 평소에 잘 가지 않았고 아빠만 주로 다녔습니다. 마을 사람들은 그 비밀번호를 모두 공유하여 알고 있었고 저 역시도 아빠에게서 그 번호를 받았습니다. 사정이 생겨서 아빠가 단기간 개 산책을 못나가게 되었을 때 개들은 저와 산책하다 그길로 가고 싶다고 표현을 했어요. 그래서 저는 그곳으로 개들을 데리고 나갔습니다. 마침 사람이 한 명도 보이지 않았고 아빠가 그렇게 했듯이 개들을 풀어주었습니다. 개들은 으레 목줄을 풀어주는 장소라는 것을 알아서 무척 흥분했었습니다. 하지만 평화로웠던 것도 잠시 누군가 풀숲에서 헐레벌떡 달려 나오며 저에게 화를 내기 시작했습니다. 바로 상수도 처리장 직원이었습니다.

그는 "개를 풀어놓으면 어떡하느냐"며 저에게 고래고래 소리를 질렀습니다. 저는 그가 있는 줄도 몰랐고, 당시에 사람도 보이지 않아 무서웠습니다. 저는 그에게 "마을 사람들과 아버지가 이곳에서 개를 풀어서 다니는 것을 알았고 단 한 번도 제재를 당한 적이 없다고 들어서 괜찮은 줄 알았다, 마침 주위에 사람이 아무도 없어서 그랬다. 죄송하다"고 이야기했

"조선의 남성들아, 그대들은 인형을 원하는가, 늙지도 않고 화내지도 않고 당신들이 원할 때만 안아주어도 항상 방긋방긋 웃기만 하는 인형 말이오! 나는 그대들의 노리개를 거부하오, 내 몸이 불꽃으로 타올라 한줌 재가 될지언정 언젠가 먼 훗날 나의 피와 외침이 이 땅에 뿌려져 우리 후손 여성들은 좀 더 인간다운 삶을 살면서 내 이름을 기억할 것이리라, 그러니 소녀들이여 깨어나 내 뒤를 따라오라 일어나 힘을 발하라."

●

나혜석

습니다. 그런데도 그는 계속 화를 냈습니다. 집에 돌아오자마자 아빠에게 그곳에서 있었던 일을 이야기했습니다. 그런데 저희 아빠는 의아한 표정으로 "어? 나 있을 땐 아무렇지도 않았는데, 동네 사람들 다 그러고 다니는데 무슨 말을 하는 거냐"고 했습니다. 얼마 지나지 않아 그곳에서 수없이 사용했던 문을 새로운 철문으로 바뀌었습니다. 그 길로 다시 동네 산책을 나갔는데 어느 날 동네에서 농사짓는 아저씨가 그러더라고요. "그렇게 큰 개를 왜 데리고 다니는 거야?", "쓸모도 없는 개는 집에다 메어두어야지 왜 그렇게 데리고 다니느냐, 여기 내가 다 쥐약 쳐놨어. 들어오기만 해봐"라는 협박까지 들은 적이 있습니다. 알아채셨나요?

제가 산책하면서 들은 이런 험악한 말들을 남자인 아빠는 단 한 번도 들어본 적이 없다는 사실을요. 개를 데리고 다니면서 온갖 험악한 이야기를 듣는 것에 지칠 대로 지쳤지만 저는 사랑스러운 포카를 임시 보호하게 되었고 입양하게 되었습니다. 불행 중 다행인 것이 우리 개가 날렵해 보이는 무표정한 친숙하지 못한 개여서일까요? 산책 중에 들었던 말들이 줄어든 것은 확실합니다. 하다못해 "이렇게 큰 개를 데리고 나왔어?"라고 하기에는 중년아저씨들이 용맹하다면서 좋아하는 진돗개보다는 작은 사이즈의 개이거든요. 무서우면 무섭다고 말하면 되는 것이 전혀 비웃음 살 일이 아닌데 마음속에 억누르면서 잘못된 방식으로 표출 하는 것이 어이가 없으면서도 그들의 예측할 수 없는 횡포와 희롱이 두렵습니다. 자신의 불안을 혐오로 표출하는 사람들이 두려운 것은 이들이 예측할 수 없는 불특정한 사람들이기 때문이며 혐오의 화살은 자신보다 약하다고 여겨지는 이들에게 향하기 때문입니다.

나의 안전을 아빠, 신랑, 남자친구, 오빠, 남동생에게서 보장받는 삶에서 멀어지고 싶습니다.

거리에서 저와 저의 개는 욕하고 화내고 희롱하고 손쉬운 상대적 약자입니다. SNS에서도 나쁜 소식은 종종 들려옵니다. 어느 중형견을 키우는 분이 산책 중에 중년 남성을 살짝 스쳤는데 그분이 쌍욕을 하면서 "어디서 길을 막냐"며 견주님의 강아지를 발로 차버렸다고 합니다. 그리고 도망갔대요. 그때는 너무 당황스러워서 멍하게 있었다고 합니다. 저와 같은 커뮤니티 회원분은 강아지가 자동차에 치였습니다. 자동차가 강아지를 밟고 지나갔는데 차주가 차에서 내리지도 않고 사과도 없이 보험처리 하라면서 내빼는 경우도 있었고요. "야, 일로 와봐"라고 대뜸 손을 내밀더니 개가 피하면서 오지 않자 "멍청한 새끼네"라고 하는 경우도 있고 "그놈 참 맛있게 생겼다"라고 견주 앞에서 실실 웃으면서 말하는 일까지, 이게 모두 상반기에 홀로 산책하던 여성 견주들에게 일어난 일입니다. 여성 견주님들의 트위터를 읽어드리겠습니다.

"개 데리고 산책을 나가도 제일 긴장할 때와 무서울 때가 남자사람, 특히 아저씨들이 지나갈 때다. 어쩌다가 자기 발치로 다가가면 개를 가차 없이 차 버릴 것 같아서. 어릴 적에 친가에 임신한 개를 데리고 오빠들과 산책을 나갔다가 개의 배를 어떤 아저씨가 발로 차서 유산한 적이 있다." "대낮에 공원에서 산책하는데 뒤에 따라오던 중년 커플이 우리 개보고 화젯거리 삼아서 남자가 자기는 저런 개를 보면 다 팬다고 농담하는 것도 들은 적이 있다." "시추를 붙잡고 산책하는데 어떤 아저씨가 우리 개를 툭툭 발로 차며 시비를 걸다가 따라오던 남편이 '당신 뭐요'라고 하니까 그대로 도망간 적도 있다." "대낮에 아파트 단지에서 혼자 개 산책을 시키다가 성희롱을 당했다. 어떤 아저씨가 자꾸 따라오면서 자기네 개와 접붙이자고 수차례 반복하며 말했다." "처음엔 기분 탓이라고 생각했는데 산책하다가 이상한 일을 겪을 땐 항상 여자인 제가 혼자 데리고 나갔을 때였어요. 목줄하고 멀쩡히 길 가는 아이에게 침을 뱉는다거나 소리를 지릅니다. 성인 남자랑 같이 다니면 정말 시비 거는 사람이 없거든요."

이러한 일을 겪고 유사한 이야기를 듣게 되니 산책 시에 자연스럽게 방어적인 태도를 취하게 됩니다. 어느 순간 언제 저와 개가 폭력을 당할지 모른다는 생각에 마음속에서 늘 긴장감을 늦추지 못하고 있습니다. 저는 단지 소중한 하루의 일부분을 조용히 산책하며 예쁜 곳을 보고 강아지 응가도 누이고 평범하게 보내고 싶을 뿐입니다. 얼마 전 여성 혐오의 피해자로 고인이 되신 분도 일상 속에서 즐거움을 찾으며 살아가는 평범한 여성이었을 것입니다. 저는 두렵습니다. 강남에서 일어난 사건의 피해자가 그 누구도 될 수 있었다는 것이, 그녀가 나일 수도 있었다는 현실이 너무나도 무섭고 두렵습니다. 또한 기사에 실린 수많은 댓글을 보면서 다시 한 번 생각하게 되었습니다.

그날 그녀가 늦은 시간까지 집 밖에 있었기 때문에 살인을 당한 것이라는 말들이 저의 가슴을 너무나도 아프게 했습니다. 나는 낮 시간에 산책해서 안전한 건가요? 제가 과연 안전합니까? 그저 우연히 살아남았다는 생각이 제 마음을 힘들게 했습니다. 우리는 왜 대체 힘들어야 하나요? 린치를 당하거나 목숨을 잃을 만큼의 폭력이 아니라 해도 불편한 시선을 당하거나 듣지 않아도 될 말을 듣는 것 또한 폭력의 형태이며, 이건 역시 폭력의 대상에 놓인 이들의 마음을 불편하게 하고 움츠려들게 하는 일이라고 생각합니다.

저는 국내에서 평화롭게 그냥 산책하고 싶은 평범한 사람입니다. 나의 개와 함께 두려움 없이 하루를 보내고 싶습니다. 나의 안전을 아빠, 신랑, 남자친구, 오빠, 남동생에게서 보장받는 삶에서 멀어지고 싶습니다. 우리가 누구건 어디에 있건 어디를 향하건 모두의 안전이 남성 권력을 가진 모든 이들에게 주어지는 것과 동등하게 지켜졌으면 좋겠습니다. 이상으로 저의 발언을 마치겠습니다. ∞ 윤나리

거리에 선 페미니즘

가해자의 꿈을 언급합니다.
그들에게 여성 피해자는 없었습니다.

●

안녕하세요. 라일락이라고 합니다. 17일 새벽 1시에 사건이 일어나고, 23세인 제 또래의 여성이 희생당했습니다. 사건 이후 저도 모르게 계속 무섭다는 말을 하고 있습니다. 많이 우울하고 무섭기도 하고 많이 분노한 상태인 것 같습니다. 저는 사건 자체도 충격이었지만 사건 이후에 사람들과 언론, 그리고 국가기관의 반응과 태도가 참 많이 끔찍했던 것 같습니다. 언론에서는 사건의 핵심 키워드로 '새벽 1시', '공중 화장실'과 같은 말들을 나열하고 가해자의 꿈과 아르바이트를 했던 그의 노력들을 언급합니다. SNS에서는 자신의 친구들과 애인에게 조심하자는 이야기를 합니다. 그리고 경찰은 사건의 원인이 가해자의 정신분열증이라고 판단하고 있습니다. 이런 상황들이 정말 이상하고 비참하다는 생각이 듭니다.

예컨대 외국에서 동양인 차별로 인해 한국인이 선택되어 죽임을 당했다면 우리는 그것을 '인종차별 범죄' 혹은 '동양인 혐오 범죄'라고 명명합니다. 당연한 것이지만 가해자의 꿈이 무엇인지 궁금하지도 않고 피해자가 낯선 나라에 '조심성

"힘겨운 투쟁 없이 여성 해방이 저절로 이루어질 수 있을까? 여성 해방은 자의식을 변화시키는 동시에 근본적인 사회 구조를 전복시켜야 한다. 그러므로 여성 해방이 혁명과도 같은 투쟁으로 불리는 것은 당연하다."

●

수잔 손탁

없이 갔다'거나 '왜 밤에 다니냐'는 질책도 하지 않습니다. 우리가 이 사건에서 보아야 할 핵심은 왜 그 분노가 여성에게 튀었고 왜 여성을 살인하기로 선택했는가입니다. 주변에 여자인 친구 두셋만 모이면 성폭력을 당했던 경험들이 쏟아져 나옵니다. 저 역시도 남성 중심적인 사회에서 살아가면서 성폭력을 당했던 경험이 있습니다. 사실 몇몇 경험은 주변인에게 이야기할 수 있게 되었지만 아직도 이야기하기가 쉽지는 않습니다.

왜냐하면 저는 제 가족들의 반응이 두렵습니다.

몇 년 전에 가족들과 여행을 가서 수상오토바이를 탄 적이 있습니다. 인솔자분이 같이 타서 오토바이의 방향도 잡아주는 시스템이었습니다. 그렇게 오토바이를 타고 바다를 쭉 돌고 다시 해변으로 돌아오는 코스였는데, 아무도 없는 바닷가를 도는 과정에서 그 인솔자가 저에게 성추행을 했습니다. 되게 당황스럽고 무서운 상황이었는데 그때는 그냥 웃었고 오토바이 타는 게 재미있는 척하는 수밖에 없었습니다. 왜냐하면 사람도 없는 바닷가였고 내가 이 사람에게 화를 냈을 때 이 사람이 나를 어떻게 할지 몰라 두려웠기 때문입니다. 다시

육지로 돌아오고 나서도 가족들에게 이야기를 하지 못했고 지금도 여전히 말할 수 없습니다. 저는 제 가족들의 반응이 두렵기 때문입니다. 이번 강남역 사건이 일어났을 때 제 가족 중 한 사람과 이야기를 나누었는데 그이는 가해자가 정신병이 있는 미친놈이라서 사건을 저지른 것처럼 이야기를 하는 것이었습니다. 그게 중요한 게 아니잖아요. 가해자가 정신병이 있고 미쳤다는 게 중요한 게 아니라 그 범죄가 여성을 향했고 살해한 것이 중요한 게 아닌가요? 그리고 이런 여성 혐오 사건을 미친 한 사람의 문제로 만들어버리는 것은 이 사건이 일어날 수 있었던 여성 혐오적인 사회 분위기를 명확히 인지하지 못하게 하는 것입니다. 폭력적인 상황에서 내가 피해를 입었을 때 주변인들이 피해자의 입장을 지지해주는 것은 참 중요한 일이라는 생각이 듭니다.

제 피해를 쉽게 가족들에게 이야기를 할 수 없었던 것은 그 피해 자체가 우울하고 힘들었다기보다는 그들이 가해자 입장에서 하는 말들을 들으면 정말 끔찍할 것 같아서였습니다. 제가 읽었던 책 중에 『미래에서 온 편지』라는 책이 있습니다. 그 책에 나오는 구절을 잠깐 소개하고 싶습니다. 이 책은 현경이라는 분이 썼고 이모가 조카에게 쓴 편지 형식입니다.

"여성운동의 모토 중에는 이런 말이 있어. 개인적인 것이 정치적인 것이다. 그것은 내가 겪고 있는 모든 개인적인 일이 사실은 사적인 일이 아니고 공적인 정치적인 차원을 가진다는 말이지. 사람들은 많은 군인들이 탱크를 몰고 들어가서 시민들을 학살한 5.18 광주 민주화운동에 대해서는 분노하면서도 성행위를 원하지 않는 부인을 남편이란 권력으로 강간한 남자에 대해서는 같은 식의 분노로 표현하지 않지. 그러나 이 두 사건은 어떤 의미에서는 똑같아. 그러니 그 두 개의 사건이 분열된 사건이 아니라 지배와 종속이라는 같은 뿌리에서 나온 사건이라는 것을 알고 함께 해결하려고 할 때 우리에게 새로운 사회에 대한 관계에 대한 희망이 생길 거야"라는 구절입니다.

저는 이번 사건을 개인적인 일로 만들어서는 안 된다고 생각합니다. 여성을 노린 혐오 범죄였고 희생자 대신에 다른 여성이 그 자리에 여성이 있었다면 누구나 피해자가 될 수 있었습니다. 이 사건은 사회에 만연한 여성 혐오로 일어난 사건이기에 피해자를 죽인 가해자만의 문제는 아니라고 생각합니다. 함께 차별적인 현실을 인정하고 우리 자신을 돌아보고 다시는 이런 사건이 일어나지 않도록 바꾸어나가길 희망합니다. ∞ 라일락

여성에 대한 혐오와 차별은 결코
개인적인 사건이 아닙니다.

●
　　저는 국회의원 남인순이라고 합니다. 19대 비례대표
로 일했고 20대 국회는 송파 병에서 김을동 의원과 대결해서
승리했습니다. 필리버스터를 하는 장면을 보니 저로서는 국
회에서 테러방지법으로 필리버스터를 했던 상황이 떠오르네
요. 저의 이야기를 하기 전에 강남역에서 이유 없이 억울하게
세상을 떠나게 된 고인의 명복을 빕니다. 그로 인해서 아파
할 유가족들과 그녀를 사랑한 모든 이들에게 깊은 위로의 말
씀을 드립니다. 혹시 기억하실지 모르겠는데요. 얼마 전에 송
파에서도 끔찍한 살인사건이 있었습니다. 헤어진 남자친구
가 여성의 집에 찾아와 출근하려는 여성한테 주차장까지 쫓
아가서 무참하게 살해한 사건이었습니다. 그 사건의 피해자
가족분들이 저희 사무실에 찾아오셨어요. 사실 일전에 뉴스
로 사건을 접하며 '혹시 스토킹을 당하다 살해당한 것이 아닐
까'라는 생각을 했었는데 부모님이 찾아와서 말씀하시는데
분명하더라고요. 왜냐하면 아버님이 계속 헤어진 남친으로
부터 문자도 받고 전화도 오는 상황 때문에 딸의 출근을 도와
주다가 조금 잠잠한 것 같아서 딸이 혼자 출근한 사이에 그런
범죄가 저질러진 것입니다. 이것은 스토킹에 의해 예고된 범

거리에 선 페미니즘

죄를 막지 못하고 그것이 살인으로 이어진 전형적인 사건입니다.

국회에 스토킹 범죄 처벌 특례법 제정안을 내놨는데요, 이 법이 어제 19대 국회가 마무리되는 과정에서도 처리가 안 되었습니다. 굉장히 아쉽게 생각하고 있습니다. 그때도 그 피의자가 뭐라고 했냐면 자기가 우발적으로 살인을 했다고 이야기를 했어요. 하지만 모든 정황을 보니 우발적인 것이 아니라 아주 계획적으로 살해한 것이 드러났습니다. 이번 강남 살인 사건도 우발적이라고 살인의 동기를 이야기하고 있는데 이것을 받아들여서는 안 된다고 생각합니다. 이런 범죄는 우발적인 범죄냐 계획적인 범죄냐에 따라서 형량이 엄청 차이가 납니다. 우발적으로 마침 여성이라서 그런 범죄를 저질렀다는 식으로 피의자가 이야기하고 있습니다. 정말 말도 안 되는 이런 식의 이야기를 언론에서 하고 있고 이것은 '여자라서 그런 죽임을 당할 수 있겠구나'라는 것이 마치 당연한 듯 몰고 갈 수 있습니다. 혐오로 인한 끔찍한 범죄에 대해서는 가중 처벌하는 법이 필요하지 않나 생각을 합니다.

스토킹은 집요하게 따라다니면서, 문자를 보내거나 이메일을 보내거나 지속적으로 상대를 괴롭히는 행위입니다. 아는 관계에서 일어날 수 있고 남녀 관계를 비롯해 다양한 여러 가지 관계에서 일어날 수 있는 행위입니다. 그런데 대개 신고를 하지 않죠. 신고를 한다 하더라도 지금 현재 우리 제도는 8만 원짜리 범칙금으로 처리가 됩니다. 그때 송파 아버님도 그런 이야기를 했어요. 경찰의 보호를 요청해볼까 생각을 했는데 보호해줄 수 있는 장치가 없어서 경찰에 연락하지 못했다고 합니다. 스토킹 범죄 처벌 특례법은 스토킹을 당하는 상황이 될 때는 가볍게 범칙금으로 처리되는 것이 아니라 벌금이나 징역 등의 보다 강력한 형사 처분이 가능하도록 하는 내용을 담고 있고, 특히 신고를 받은 경찰은 현장에 나가 가해자에게 스토킹을 중단할 것을 경고하는 응급조치를 할 수 있게 했습니다.

'스토킹은 범죄다'라는 것을 우리 사회가 확실하게 합의하고 그것에 대한 제도를 갖추기 위해 더욱 이 법이 필요한 것입니다. 유사한 법을 19대만 낸 것이 아니라 16대 국회부터 7번 냈지만 법이 통과 되지 않았습니다. 너무나 답답해서 여러 번 문제 제기하곤 했는데 굉장히 단순하게 보더라고요. 범죄로 생각하지 않는답니다. 하지만 강남에서의 사건, 그리고 송파의 사건을 볼 때 이 모든 것은 한 가지 맥을 가지고 있다고 생각합니다. 이것은 결코 개인적인 사건이 아니라는 것입니다.

거리에 선 페미니즘

"여자는 태어나는 게 아니라
만들어지는 것이다"

●

시몬 드 보부아르

하지만 이런 범죄를 볼 때 사회는 항상 개인적인 문제로 치부해왔습니다. 바로 거기에 문제가 있습니다. 절대 개인적인 사건이 아닙니다. 이 사건이 개인적인 사건이 아니라 왜 사회적인 사건인지에 대해 오늘 이 필리버스터 토론을 통해서 정리를 해나가야 한다고 생각합니다. 이것은 개인이 우발적으로 지나가다가 기분 나빠서 일어난 범죄가 아닙니다. 왜 여성에 대한 혐오와 차별을 개인의 문제로 치부하는 걸까요?

여성 혐오는 공기처럼 너무나 만연해 있고 이런 상황은 너무나 오래되었습니다. 이번에 총선을 하면서 지난 5년 동안 트위터, 블로그, 뉴스, 커뮤니티 등에서 '여성'을 언급한 자료로 빅데이터 분석을 해보았습니다. 정말 놀랍게도 폭력, 범죄, 혐오가 높은 빈도로 나타났습니다. 특히 혐오와 여성혐오 키워드는 2012년 대비하여 무려 20배가 증가하며 매우 큰 비중을 가지고 상위 키워드로 등장했습니다.

여성과 관련된 단어로 여성 혐오라는 말이 가장 많은 분량을 차지할 정도로 이미 우리 사회 저변에서 이 문제가 심각해졌다는 것을 알 수 있습니다. 제가 정치권에 있기 때문에 그런 책임감을 많이 느낍니다.

그런데 처벌만 강화해서 문제가 해결이 안 됩니다. 사회의 공기가 많이 달라졌다고 했죠? 이명박 정부가 들어서고, 박근혜 정부가 들어서면서 차별과 폭력이 너무나 만연화되고 있습니다. 그래서 사회의 공기를 바꾸기 위해서는 시간이 걸리더라도 교육으로 문화가 달라져야 합니다. 우리가 오늘 이런 토론을 통해서 '더 좋은 제안들이 국회에서 추진되지 않을까' 생각을 합니다. 이 자리에 모이신 분들도 답답한 심정으로 모이셨을 텐데요. 이 사건이 단순히 하나의 사건으로 잊혀져서는 안 된다고 생각합니다. 더 많이 공감하고 더 많이 이 문제에 대해서 해법을 찾는 과정에 우리가 함께 해야 한다고 생각합니다. 서울시에서는 강남역 10번 출구에 붙여진 추모의 메시지들을 유지하고 보유하기 위해 따로 장소를 마련해 공감과 추모의 시간을 함께 계속 이어나간다고 합니다. 저 또한 국회에서 그런 일들을 해 나가도록 하겠습니다. ∞ 남인순

여자가 안 된다고 말할 때는
안 되는 겁니다.

●

　　직업상 밤에 늦게 들어갈 때가 많습니다. 근데 혹시라도 제 뒤에 남성이 있게 될 경우에 굉장히 빠른 걸음으로 집에 들어 갈 때가 있습니다. 웬만한 여자들이라면 아마 공감하실 겁니다. 그 이유는 하나입니다. 내가 여성이기 때문에 어떤 상황이 닥치면 제대로 대처를 하기 어렵기 때문입니다. 남자들은 으레 밤거리를 걸을 때 '내가 무슨 짓을 한다고 여자들이 그렇게 빨리 걸어가지?'라는 생각이 만연해 있는 것 같습니다. 여성들은 길거리를 걸을 때 혹시 어떤 상황을 겪게 될지도 모른다는 생각을 어릴 때부터 하다 보니 남성들이 뒤에서 걸어오거나 술에 취한 남자들이 뒤에 있으면 공격받을 수 있다는 위협을 나도 모르게 느끼게 됩니다.

　　남성들은 여성을 굉장히 낮게 보는 경우가 많은 것 같습니다. 남성들이 으레 성적인 농담이나 친구들끼리 하는 얘기들 있잖아요. 그런데 그것이 누군가에게는 굉장한 폭력으로 다가올 수 있습니다. 저는 트위터나 페이스북을 잘 안 합니다. SNS에 넘쳐나는 여성 혐오 같은 댓글이나 글들을 보면 여성이기 때문에 받는 상처가 있기 때문입니다. 장난으로 던진 돌에 개구리가 맞게 되는 경우가 있습니다. 여성이기 때문에 도대체 왜 옷차림에 대해서 조심해야 하는지 잘 모르겠습니다. 긴 블라우스 입기 싫고 치마 입기 싫고 일하면서 걸어다녀야 하기 때문에 힐은 더더욱 신기 싫습니다. 얼마나 불편한데요. 발도 너무 아프고요. 발톱에 그 힘이 가해지는 느낌을 남성들은 아실까 모르겠습니다. 그런데 어떤 특정 직군은 항상 하이힐을 신어야 되고 또 화장을 해야 합니다.

여자가 안 된다고 말할 때는 안 되는 것입니다. 싫다고 말할 때는 싫다는 것입니다. '여자의 아니요는 네다'라는 말을 인터넷에서 본 적이 있는데, 누가 그래요? 싫은 걸 싫다고 말하는 데 왜 안 받아들이는 겁니까? 이런 이야기를 했을 때 제대로 믿어주지 않으면 상처는 더 큰 상처를 불러일으키기 때문에 더 이상 말을 안 하게 되고 결국에는 여성들이 먼저 피하게 됩니다. 여성들은 '이래야 하고 저래야 하고'라고 붙는 수식어가 너무 많은 것 같습니다. 나는 그저 이 사회를 살아가는 일원일 뿐인데 여성이라는 특정한 성별 때문에 생각하고 고려해야 하는 부분이 너무 큰 것 같습니다.

밤길을 다니면서 뒤에 오는 남성을 생각하지 않을 수 있는 세상이 오면 좋겠습니다. 그리고 어떤 사람은 되게 재미있다

며 하는 농담이 누군가에게는 폭력적일 수 있다는 생각을 가
져주셨으면 좋겠습니다. 저는 여기까지 하겠습니다. ∞POCO

성추행을 안 당해본
여자는 없습니다.

●

　　저는 20대 중반 여자입니다. 지하철에서 성추행을 당해본 적이 세 번 있고, 길을 가다가 바바리맨을 본 적이 세 번 있습니다. 어느 저녁에는 횡단보도 맞은편에서 모르는 아저씨가 눈을 마주쳤단 이유로 젊은 여성을 주먹으로 때리고 쓰러진 그 여성의 머리를 발로 차는 것을 보았습니다. 제 친구 한 명은 길을 걷다가 어떤 모르는 남자한테 잡혀서 뒤에서 목을 졸렸고 잡혀서 무서운 일을 당할 바에는 죽는 게 낫겠다는 생각으로 가까스로 차도에 뛰어들었다고 합니다.

　제 주변 친구들 가운데 성추행을 안 당해본 여자는 없습니다. 여자들에게는 너무나 당연한 성추행 경험과 일상생활에서 폭력에 노출되어 있다는 것은 너무도 익숙해서 이상하다고 생각하지도 않았습니다. 그런데 이번 사건을 통해 놀라며 깨달은 것은 남자들은 이런 불안함을 느껴본 적이 없겠다는 것이었습니다. 저는 남성들에게 여혐을 멈추어달라고 얘기하고 싶지 않습니다. 그보다는 최소한 남성으로서 특권을 인지하고 그 특권을 여자는 절대로 누리지 못한다는 그 차이를 인지해주면 좋겠습니다. ∞ 몽발

"소녀는 스스로에게는 아무것도 아니다. 오로지 그녀의 남편에게 있어 의미를 갖는다. 그녀가 커서 뭐가 될 수 있는지, 나는 물었다. 그녀가 말했다, 남편 아이의 엄마가 될 수 있다고. 나는 말했다, 그 누구의 아이의 엄마가 아니어도 '나'는 존재한다고."

앨리스 워커

살인범이 아니라 살해당한 여성에게
동일시하는 것이 왜 그렇게 어렵습니까?

●

안녕하세요. 저는 여성학을 공부하고 가르치고 있는 권김현영이라고 합니다. 제가 며칠 전에 개인적인 일이 있어 강남역 10번 출구에 갈 수 있게 되었습니다. 초기부터 강남역 10번 출구에 붙어 있는 포스트잇 사진을 찍을 수 있었습니다. 제 곁에서 어떤 남자들이 열심히 사진을 찍고 있었습니다. 사진을 찍고 있는 남자 다섯 명 정도와 여자는 저 한 명뿐이었는데 사람들이 저한테만 왜 사진을 찍는지 궁금해하더라고요. 남자들에게는 궁금해하지 않고요. 그게 이상하게 느껴졌습니다. "당신은 왜 여기서 사진을 찍고 있냐." "당신은 그냥 여기서 슬퍼하고 있어야 하지 않느냐." "이걸 기록하고 남기는 사람이 아니라 슬퍼하러 온 사람 아니냐." 그 순간조차도 좀 다르게 취급받는다는 생각이 들었고, 이것이 무슨 현상인가를 전달하는 데 있어 뭔가를 해야겠다는 생각이 들었습니다.

2003년도에 여성 살해에 대한 페미니즘의 움직임이 처음 있었습니다. 유영철이 여자들을 죽였고, 이게 한국 최초의 '묻지마 살인'이라는 보도가 나오기 시작했습니다. 많은 언론들은, 일종의 선진국형 범죄라고 하는, 속을 알 수 없는 사람들이 등장하고, 이 사람들에 대한 공포심이 확산되는 순간에 일어나는 일이기 때문에 굉장히 독특한 현상이라는 '묻지마 살인'에 크게 주목했었습니다. 유영철은 22명의 여자를 죽였습니다. 더 많이 죽이는 게 목표라고도 했고, "내가 그 이상을 죽였는지 아닌지는 아무도 모를 것이다"라는 말도 했습니다. 저는 수사보고서를 읽었고, 말로 전달할 수 없는 끔찍한 살해 방법이 동원된 것을 봤습니다. 유영철은 100명을 죽이는 게 목표라고 했고 강조한 것은 한 번도 자기가 왜 여자들을 죽였는지 이야기한 적이 없다고 했습니다. "그냥 죽일 수 있기 때문에 죽였다, 최대한 많이 죽이는 게 목표다"라고 얘기했습니다. 하지만 처음 이 사건을 '묻지마 살인'으로 보도하던 언론들은 사건이 점점 커지자 피해자들이 보도방 여성들이었다는 점에 주목하기 시작했습니다. 일순간 이 사건은 보도방 여성들의 문제가 되어버렸습니다.

언론은 '보도방 여성들은 누구인가', '우리나라 전업주부들이 보도방에 가서 아르바이트를 한다더라', '이건 가정이 무너지고 해체되는 일이고 유영철은 이혼가정에서 태어났으니까 이런 사건을 저지른 것이다' 등 이런 식의 추측 기사들을 쏟아냈습니다. 그런데 너무 놀랍게도 2주 뒤에 보도방 여성들에게 연쇄성폭력을 저지른 범죄자가 새롭게 검거됩니다. 이 범죄자는 유영철 사건 때 보도된 보도방 여성들을 보고 '우리나라 주부들이 이렇게 타락했다는 것에 화가 나서 노래방 도우미들을 상대로 성폭력을 저질렀다'고 자백합니다. 유영철을 둘러싼 언론의 보도 방식은 그의 말을 그대로 받아쓰는 것이었습니다. 가해가 특정 여성들을 대상으로 이뤄졌다는 것을 제대로 분석하지 않고 언론이 특정 직업의 여성에 대한 혐오를 가감 없이 드러낸 것입니다.

죽은 사람들에게 동일시하지 않고, 죽을 만한 사람들이었다고 생각하라는 식의 이야기에 반응했고, 그 반응이 아주 구체적인 폭력으로 일어났습니다. 스무 명 정도 되는 사람들에게 일어난 연쇄성 폭력이 아주 빠르게 일어난 적이 있습니다. 이미 2003년의 일입니다. 그리고 10년 후 한국 사회에서는 어떤 한계가 깨지기 시작했습니다. 바로 사람들이 갖고 있는 분노와 감정이 '아, 여기까지는 가지 말아야지, 우린 다 인간이고, 괜찮은 삶을 살고 싶다'라는 한계입니다. '누군가에게 동정하지 말자. 그건 그들의 문제잖아'라고 생각하거나, '왜 그들만 동정을 받아야 돼?'라고 생각하거나. 약자에 전혀 동일시를 할 수가 없게 만들어지고 있습니다.

지난 10년간 한국에서는 남자들이 얼마나 불쌍한지를 이야기했습니다.

한국 사회는 1997년 IMF가 터지고 난 다음 '루저'라는 개념이 만들어졌습니다. 20대 남성들의 불안한 심리, 30대 남성들이 결혼도 취직도 못하는 불안한 심리에서 나오는 분노가 여성들을 향했다고 누군가는 말합니다. 하지만 기억해보세요. IMF 다음에 30만 명의 여성들이 먼저 해고됩니다. 그리고 여성들 대부분이 비정규직이 됩니다. 여성과 남성의 임금 격차라는 것은 말도 못할 정도로 벌어졌습니다. 그럼에도 지난 10년 동안 한국에서는 남자들이 얼마나 불쌍한지를 이야기했습니다. 고개 숙인 아버지들, 날개 꺾인 기러기 아빠들이 얼마나 슬픈지, 그 남자들이 그럼에도 불구하고 얼마나 웃음을 잃지 않고 살고 있는지와 같은 이야기였습니다. 끊임없이 남자들에게 감정적으로 동일시하고, 여성들에게는 감정적인 공감과 연민을 표출하지 않기를 원하는 것처럼 보였습니다. 저는 그것이 한국 사회가 몇 십 년 동안 사람들을 교육했던 방식이라고 생각합니다.

여자라면 누구나 죽을 수 있었던 살인사건이 발생했는데도 단 하루 만에 "그게 왜 여성 혐오냐", "왜 그 사건에 특별한 애도를 표해야 하는 거냐" 하는 얘기가 나옵니다. 이 주기는 갈수록 짧아질 것입니다. 개인적인 폭력성이라는 감정이 구체적 실천으로 옮겨지는 데까지의 시간이 점점 짧아지고 있습니다. 이것은 정말 위험한 신호입니다. 어떻게 대응해야 하는지에 대한 논의가 이뤄져야 합니다. 또한 제가 정말로 이루어졌으면 하는 것은 남자들에 의해 이 문화를 바꾸겠다는 운동이 일어나는 것입니다. 이런 운동은 한국 사회에서 너무나 오랫동안 일어나지 않았고, 한 번도 제대로 일어난 적이 없습니다. 예를 들어 프랑스에서는 토마라고 하는 만화가가 자신이 남자로서 '나는 한 번도 길을 가다가 강간을 당하거나 죽을 수도 있다'는 공포를 느낀 적이 없다는 것을 깨닫고 그에 관한 만화를 그리고 캠페인을 벌이고 있습니다. 미국에서도 남자들의 집단적 캠페인들이 벌어지고 있습니다.

살인범에 동일시하는 것이 아니라 살해당한 여성에게 동일시하는 것이 그렇게까지 어렵습니까? 나는 남자고, 그는 여자라서요? 여자들은 많은 경우에 남자들에게 동일시를 하고 있습니다. 왜 이 반대의 경우는 잘되지 않는 것일까요? 그런 얘기들을 같이 나누고 싶습니다. 그런 움직임들이 집단적으로 보였을 때 그래도 조금 다른 희망이 보이지 않을까 하는 생각입니다. ∞ 권김현영

당하는 사람은 수도 없이 많은데
없는 일이라고 하지 말아주세요.

●

　　　　저는 여성입니다. 그리고 페미니스트입니다. 아직 스
스로 페미니스트라고 칭하기는 부끄럽지만 조금씩 알아가고
있습니다. 우리 사회의 뿌리 깊은 여성 혐오에도 관심을 갖고
있습니다. 여성 혐오에서 혐오는 'misogyny(미소지니)'를 뜻
합니다. 이는 단순히 여성을 말 그대로 혐오하는 것뿐만 아니
라 여아 낙태와 가부장제, 성적 대상화 혹은 차별적 행위 등
모두를 포함합니다. 저는 우리 모두가 여성 혐오에서 자유롭
지는 않다고 생각합니다. 저 역시도 마찬가지입니다. 저도 모
르게 여성 혐오 발언들을 해왔습니다. 이는 우리 사회 전반에
여성 혐오의 분위기가 형성되어왔기 때문입니다. 우리가 그
런 사회에서 알게 모르게 길들여져 온 것입니다.

　　누군가 말하더군요. 페미니스트는 여성 혐오를 인지하면
서부터 시작한다고요. 저는 그것을 인식하고부턴 제가 웃고
넘어간 수많은 글과 말들이 우리 사회 깊숙이 자리 잡고 있는
여성 혐오의 한 가닥이란 것을 깨달을 수 있었습니다.

　　문제는 평범함에서부터 시작합니다. 사람들은 평범하게

"페미니즘은 복수 명사로 그 안
에 다양한 페미니즘이 공존할 수
있다."

●

록산 게이

불의를 보면 화가 나고, 또 평범하게 나쁜 사람을 나쁘다고 말합니다. 그렇지만 그만큼 자신이 나쁘다고 여기는 것에 부정적입니다. 여성 혐오도 그렇습니다. "이 발언은 여성 혐오적 발언이에요"라는 말을 들었을 때 기분이 나쁠 순 있습니다. '내가 지금까지 누려왔던 평범함이 나쁜 거라면, 난 나쁜 사람인가?' 하고 불쾌한 기분이 들 수도 있습니다. 여성 혐오는 끓는 물속의 개구리에 비유해볼 수 있습니다. 개구리를 뜨거운 물속에 넣으면 놀라서 뛰쳐나오지만 차가운 물속에 넣고 물을 끓이면 서서히 죽어가는 것이지요. 그처럼 우리는 점점 온도가 올라가는 물속에 있었던 것입니다. 물이 끓는지도 모르는 채 말입니다.

여성이기 이전에 한 사람으로서 존중받고 싶습니다.

우리는 그저 너무 익숙해서 몰랐던 것입니다. 혹 누군가 여러분에게 물이 끓고 있다는 것을 알려준다면 어떨까요? 당장이라도 뛰어나오는 게 맞겠죠. 누군가 당신에게 "당신의 말은 여성 혐오적 발언이에요"라고 한다면 어떨까요? 불쾌함은 잠시만 미뤄두고 '내 발언의 어떤 부분이 상대에게는 여성 혐오적 발언으로 느껴졌을까'를 한 번만 생각해봐주세요. 그리고 같이 뛰어나와주세요. 그것만으로도 많은 것이 바뀔 것입니다.

여성이기 이전에 한 사람으로서 존중받고 싶습니다. 그렇지만 오로지 여성이기 때문에 직면한 문제를 외면하고 싶지 않습니다. 성별을 떠나 모든 사람이 사람으로 존중받았으면 좋겠습니다. 그렇지만 이미 자리 잡은 성별에 따른 혐오에 대해 덮어두고 왜 성별을 나눠서 싸우냐고 묻기만 한다면 아무것도 바뀌지 않을 것입니다. 일단 벌어졌는데, 해결은 하고봐야죠. 당하는 사람은 수도 없이 많은데 없는 일이라고 하지 말아주십시오. 설령 당신이 겪지 못한 일이라도 부정하지 말아주십시오. 궁극적인 목표가 인간에 대한 존중이라면, 그것을 향한 길이 성별에 대한 혐오로 막혔다면, 우선 치워야 합니다. 막힌 길로는 갈 수가 없습니다. 저는 이 글을 읽는 여러분이 막힌 길을 치우는 데 힘을 보태주셨으면 합니다. ∽ S****

남자친구는 저를 달래주면서
"네가 예뻐서 그렇다"라고 했습니다.

●

저는 트위터 페미니스트입니다. 트페미년, 꼴페미, 페미나치 등등 많은 이름으로 불리고 있는 사람 중에 한 명입니다. 사실 저는 겁이 많은 사람입니다. 그래서 사람들 앞에 나와서 이렇게 말을 할 용기가 잘 선뜻 나지 않았었습니다. 그런데 발언하신 분들에게 용기를 얻어서 이 자리에 서게 되었습니다.

중학생 때 교복을 입은 채로 학원을 마치고 집에 가는 길이었습니다. 20대 중반쯤 되어 보이는 남자들 여러 명이 지나가면서 "쟤는 아다일까, 후다일까? 나도 교복 입은 여친 사귀고 싶다." 이런 이야기를 하면서 낄낄거렸습니다. 그때 저는 아다가 무엇인지 후다가 무엇인지 몰랐습니다. 그렇지만 저를 두고 하는 말인 걸 알았기 때문에 기분이 무척 나빴고 다음 날 학교에 가서 친구들에게 그 뜻을 물어보고 나서야 그 의미를 알게 되었습니다. 고등학생 때, 친구와 서면에서 놀고 집에 가려고 버스를 기다리는 중이었습니다. 술에 거나하게 취하신 중년 남자분이 제게 말을 걸었습니다. "몇 살이냐, 내가 힘든데 혹시 술 같이 마셔줄 수 있느냐"면서 제 손을 잡아서 잡아끌었습니다. 밤 10시였습니다. 저는 그 손을 뿌리치고 싶었지만 힘이 따라주지 않았습니다. 주변에 수많은 사람들이 있었지만 저를 도와준 건 어느 여자분이었습니다. 제가 곤란해 보였는지 그분은 "아는 사이냐"고 "뭐하시는 거냐"며 물었고 그제야 그 남성은 제 손을 놓아주었습니다.

제가 새내기 때 홍대에서 집으로 가려고 할 때 한 남자분이 말을 걸었습니다. "어딜 가냐, 나랑 술 한잔 먹고 가자, 몇 살이냐, 어느 학교 다니냐." 쉴 새 없이 질문을 쏟아부었고 저는 그게 무서워서 "아니요, 괜찮습니다" 이 말만 반복하면서 고개를 숙인 채 걸었습니다. 그분이 상상마당 앞에서부터 홍대 정문 큰 길까지를 그렇게 따라왔습니다. 밤 11시였습니다. 제가 택시를 타려고 하자 그 남성은 택시에 따라 타려고까지 했습니다. 재작년 남자친구와 놀다가 집에 들어가려고 택시를 탔습니다. 택시기사 아저씨는 쌍욕을 내뱉으며 폭력 운전을 했고 저는 무서움에 바들바들 떨었습니다. 아저씨는 "남자친구랑 이렇게 늦게까지 놀면 뭐하고 놀아?"라며 백미러를 통해 저를 힐끔힐끔 쳐다보았습니다. 제가 두려움에 집근처 편의점에 내려달라고 했을 때, 아저씨는 "에이 여기 집 아니잖아 집 어디야? 집에서 내려줄게"라며 하차를 거부하기도 했습니다. 저는 내리자마자 편의점으로 뛰어 들어갔고, 아저씨가 떠나기만을 기다렸습니다. 택시는 한참을 그곳에 머물러 있었고 저는 택시가 떠날 때까지 집에 들어가지 못한 채 두려움에 떨었습니다.

이런 경험들만이 전부가 아닙니다. 지하철을 타고 가면서 술 취한 아저씨들한테 둘러싸여 허벅지, 엉덩이, 가슴까지 만져진 적도 있었고 학생 때는 남자 선생님께서 회초리를 가지고 제 가슴을 쿡쿡 찌르기도 하였습니다. 남자 선생님이 저를 위아래로 훑어보기도 했습니다. "너는 가슴 잡고 뛸 필요 없다니까"며 낄낄거리셨던 남자 체육 선생님도 있었습니다. 여성분들은 너무나도 당연하게 겪는 일이겠죠. 제가 이런 이야기를 남자친구에게 털어놓은 적이 있습니다. 사실 부모님께도 차마 이야기하지 못했었던 경험들이었는데요, 이야기를 털어놓으면서 정말 많이 울었습니다. 남자친구가 저를 달래주면서 했던 말은, "그런 일이 그렇게 많이 있냐, 네가 예뻐서 그렇다"라고 했습니다. 너무 충격적이었습니다. 우리가 같은 세상에 살고 있기나 한 건지, 왜 여자들이 피해 경험을 말하면 공감은 못해줄 망정 그것은 지어낸 게 아니냐는 소리가 따라붙는 것인지 화가 납니다.

수많은 포스트잇을 보면서 펑펑 울었습니다.

어제 강남역에 다녀왔습니다. 우연히 살아남은 사람들의 수많은 포스트잇을 보며 펑펑 울었습니다. 다른 여성분들도 마스크를 쓴 채로 울고 계셨습니다. 포스트잇을 쓰라고 마련되어 있는 테이블 위에는 일회용 마스크가 준비되어 있었습니다. 추모를 하면서조차 조심을 해야 하는 우리는 도대체 무슨 나라에서 살고 있는 걸까요. 어제 강남역에서 집에 돌아오는 길에, 친한 동생과 집에 오면서 우리는 살아남은 게 아니라 죽어가고 있다는 이야기를 했습니다. 그래서 저는 지금 이 자리에 섰습니다. "말해야 할 때 말할 수 있게 하시고, 말하지 말아야 할 때 침묵할 수 있게 하소서." 작년 졸업 채플에서 들었던 기도 중 가장 인상 깊은 구절입니다. 말해야 하는 지금 말할 수 있게 되어서 너무나 기쁩니다. 다른 분들도 용기를 얻어서 말할 수 있었으면 좋겠습니다. ∽ 김쿠크

"진실을 이야기하는 여성은 더
많은 진실이 드러날 가능성을 자
기 주변에 열어간다."

●

에이드리언 리치

피해자의 무너진 삶보다 가해자가 살아갈 삶을 걱정하는 사회가 두렵습니다.

●

저는 대구에 사는 스물다섯 살 여성입니다. 저는 아동 성폭력 생존자입니다. 초등학교 2학년 때부터 몇 년 동안 지속된 성추행은 행복했던 제 유년 시절을 앗아갔습니다. 가해자는, 놀랍게도 당시 중학생이었던 저의 친오빠입니다. 가해자가 성적 호기심과 욕망을 충족시키려 저지른 행동은 한순간이었지만, 그 기억과 수치심의 수렁에서 벗어나기 위해 제가 발버둥친 시간은 너무도 길고 지난했습니다. 우연히 부모님께 들키고서야 저는 사과를 받았습니다. 물론 성추행은 이후에도 몇 차례 이어졌습니다. 저는 오빠와 격리되지도 못했고, 부모님은 저에게 수차례 용서하라 말했으며, 오빠의 죄가 오빠의 기를 죽일까 걱정했습니다. 그 덕에 오빠는 제가 있어도 방에 들어가 성인물을 보며 자위행위를 했습니다. 죄책감? 수치심? 그건 오히려 제 몫이었습니다.

저만 입을 다물면 저희 가족은 행복할 수 있었습니다. 그래서 저는 지금까지도 이 슬픔을 혼자 삭이며 살아갑니다. 겉으로는 빛나 보이지만 사실 저는 제 인생이 너무나 한스럽습니다. 성에 대한 남자 청소년들의 과한 욕망과 폭력성이 두렵습니다. 피해자의 무너진 삶보다 가해자가 살아갈 삶을 걱정하는 사회가 두렵습니다. 그 어린 나이에 내가 여성이었기에 겪었던 폭력이 앞으로도 마지막이 아닐 것 같아서 두렵습니다. 제 인생은 언제까지 한스럽고 고통스러워야 할까요. ∞ B*****

거리에 선 페미니즘

혐오는 야만적인 얼굴이 아니라
친절하고 부드러운 방식으로도 작동됩니다.

●

안녕하세요. 오늘 주제가 "나는 '어디'에 있었습니다" 이지요. 저는 그날 강남에 있진 않았지만 공교롭게도 피해자 여성분과 마찬가지로 남자친구와 술을 마시고 있었고 새벽 한 시 정도의 늦은 시간에 집으로 들어갔었습니다. 그래서 더 더욱 이번 사건이 안타깝고 마음 아픕니다. 강남역에 가보려고도 했지만 선뜻 발걸음이 떨어지지 않았습니다. 이 발언대에 서는 것도 두렵고 어려운 결정이었습니다. 여기에는 복합적인 이유가 있었던 것 같습니다. 이번 사건을 계기로 좀 더 많은 여성들이 우리가 처한 현실에 공감하고 자기 경험을 적극적으로 이야기하는 것도 중요하겠지만, 여성 혐오라는 것이 어떤 물리적 폭력의 발현으로만 이해되는 것은 아닐까 하는 우려가 생겼기 때문입니다. 또 한편으로 여성 혐오가 어떤 방식으로 나타날지 남성분들을 포함해서 여타의 사람들에게 있는 그대로 잘 전달될 수 있을까 하는 걱정도 들었습니다.

이번 강남역 사건을 두고 '묻지마 살인인가', '여성 혐오 살인인가'에 대한 양자택일적 논의 방식은 한계가 있다고 생각합니다. 두 축 사이에 얽히고설킨 복잡한 경계의 가능성을 보지 못하게 하기 때문입니다. 또한 여성 혐오에 대해 지극히 제한적인 몰이해를 대중화하는 데 기여할 수 있기 때문입니다. 여성 혐오가 마치 살인이나 노골적인 물리적 폭력을 통해서만 실행되는 것처럼 오해하게 만들 수 있기 때문입니다.

여성 혐오는 노골적이고 야만적인 얼굴만이 아니라 매우 친절하고 부드러운 은밀한 방식으로도 작동되고 있습니다. 여성을 매우 우대해주는 것 같은 신사도 인식의 출발점은 여성을 보호 대상으로 보는, 즉 열등한 존재로서 이해합니다. 그래서 오히려 더 강력한 여성 혐오가 될 수 있다는 점을 함께 생각해보면 좋겠습니다. ∞ 홍

능력이나 소망에 따라서 동등한 기회를
가질 수 있어야 합니다.

●

　　사회적 약자에 대해서 생각해봤습니다. 여성을 대표적인 사회적 약자로 생각하고 약자니까 밟아도 된다고 생각하는 사람들이 있습니다. 상대적으로 강한 남자 앞에서 스스로를 약자라고 치부하는 여자들도 있습니다. 남녀는 평등하다고 말하면서 "왜 너는 스스로 약자라고 생각해. 강해져봐"라고 말하는 사람들도 있습니다. 여성을 사회적 약자라고 일컫는 것은 여자가 태생적으로 또는 본질적으로 남자보다 열등하고 물리적 능력이 취약한 존재라는 것을 뜻하는 것이 아닙니다. 대한민국은 자유 민주주의 국가입니다. 공공자원의 혜택이 어떤 한쪽에 쏠리지 않고 여러 집단에 골고루 돌아갈 수 있도록 구성원들이 함께 사회 정의를 실현시켜야 한다는 가치규범이 있습니다. 강약이 아니라 우리 사회의 구성원이라면 평등하게 취급받고 능력이나 소망에 따라서 동등한 기회를 가질 수 있어야 합니다. 여기서 당연히 경쟁도 있고 탈락도 있겠지만 똑같은 기회를 얻고 똑같은 처우를 받아야 하는 것입니다.

　　이번 사건이 단순 우발적 범죄가 아니라는 점을 여기 오신 많은 분들이 공감하실 것입니다. 가해자 본인이 여성을 범죄 대상으로 지목했고 치밀한 계획 하에 범죄를 저지른 것도 있지만, 저는 무엇보다도 폭력과 배제와 차별을 묵인하고 거기에 동조하는 사회 분위기가 한몫을 했다고 생각합니다. 여성들이 이 문제에 같은 목소리를 내고 같은 문제의식을 가지는 이유는 자라면서 무시라는 단어를 한두 번 들었던 게 아니기 때문일 것입니다. 남녀에 있어 무시당하는 대상은 여성이었고 여성이여야 했습니다. "여자는 드세면 안 된다, 조신해야 한다, 남자의 말에 기어오르면 안 된다." 이런 말 들어보지 못한 한국 여성은 아마 없을 것입니다. 사회 전반으로 여성을 비하함으로써 남성의 연대를 강화하고 결속력을 다지는 정서가 아주 강하게 존재하고 있습니다. 사회 분위기가 남녀를 동등하게 본다면 여자가 남자를 무시했다는 말이 아니라 "김 아무개가 나를 무시했다"라고 그 성별을 떠나 대상을 구체적으로 얘기했겠지요. 그 가해자 남성은 여성을 본인과 똑같은 존재가 아니라 자기보다 아래에 있는 사람이라고 치부했습니다. 그 남성이 그렇게 생각하게 된 까닭은 무엇일까요? 저는 그 연유가 우리 사회에 있다고 생각습니다.

또한 저는 언론에서 가해자의 병력이 크게 부각되는 것도 이해할 수 없습니다. 여성 혐오 행태를 보여온 미디어들이 단

"'사랑받는 페미니스트'는 가능하다. 앎이 사랑을 가져온다. 실제 현실은 노력한다고 해서 사랑이 보장되는 것도 아니기 때문에 애쓰지 않아도 된다. 가부장제 사회가 정말 착한 여자를 사랑할까? 예쁘고 똑똑하고 돈 잘 벌고 말없고? 그렇지 않다. 본질은 이중메세지로 여자를 미치게 하는 것이다. 착한 여자도 욕먹고, 착한 여자 콤플렉스에 걸린 여자도 욕먹는다. 가장 중요한 사실. '사랑받지 않을 용기'에서 생략된 말이 있다. 누구에게 사랑받을 것인가. 권력이 아니라 나에게 사랑받으면 된다."

●

정희진

체로 "이건 여성 혐오 범죄가 아니다. 그냥 운이 나쁜 사람이고 가해자는 아픈 사람이었다"라고 일종의 변명이나 빠져나갈 구실을 계속 보여주는 상황을 목도하는 것 같습니다. 이런 여성 혐오 문제를 수면 위에 올리면 "너 메갈 하는구나. 너 여시구나" 하는 말만 내어놓습니다. 이런 말을 하면 되니까 참 편하겠습니다. 그렇게 치부해버리면 되니까요. 그나마도 그놈의 메갈, 여시가 없었으면 정말 어쩔 뻔했나 하는 생각마저 듭니다. "여혐 범죄라는 말은 좀 그래. 가해자가 아픈 사람이라고 했잖아." 이렇게 말하는 분들은 무슨 홍길동이세요? 아버지를 아버지라고 못 부르고 여혐을 여혐이라고 못 부르고 있잖아요.

가해자가 여성에게 무시를 당해서 여성을 죽였다고 하는데 이걸 여혐이 아니라고 계속 얘기를 하는 이 사회에 우리가 살고 있습니다. 여성 혐오라는 단어가 굉장히 강한 이미지를 가지고 있어서 그냥 여성을 미워하고 도저히 너랑 같은 하늘 아래서 살 수가 없어 이런 미움의 감정이라고 생각하고 말기가 쉬운데요. 사실 여기서 혐오는 멸시뿐만 아니라 성적 대상화, 성적 불평등, 적대감, 남성 우월주의, 성폭력을 모두 포함하는 말입니다. 여성 숭배나 신성화 같은 것도 광의의 여성 혐오에 포함됩니다. 그러면 누군가는 "여성을 좋다고도 하지

거리에 선 페미니즘

말고, 싫다고도 하지 말라는 거냐, 어쩌라는 거냐"라고 되묻기도 합니다. 그냥 사람으로 보라는 말입니다.

여성 혐오가 너무나도 자연스러운 곳, 바로 그러한 사회에 우리가 살고 있습니다.

얼마 전 퇴근하고 신촌으로 오는 버스를 탔는데 뒷자리 여성들이 매장에서 아르바이트하는 여성의 유니폼을 쳐다보는 남자들에 대한 이야기를 하는 게 들렸습니다. 여기 서 있는 저도 지난 주말에 택시에서 성희롱을 당했습니다. 여성이, 얼마든지 함부로 말할 수 있는 대상, 얼마든지 지시하고 손가락질하고 쳐다볼 수 있는 대상으로 여겨지는 게 당연한 사회에 우리가 지금 살고 있다는 것입니다.

어제 〈헌팅 그라운드〉라는 영화를 보았습니다. 미국에서 벌어진 대학교 캠퍼스 내 성폭력 사건을 다루고 있었습니다. 혹시 안 보신 분들 있으면 꼭 한 번 보셨으면 좋겠습니다. 영화에서는 대학도 하나의 산업 시스템이라는 것을 보여줍니다. 학교가 잘 나가려면 돈이 있어야 하고, 졸업한 남성 사교 커뮤니티에서 많은 기부금을 받을 수 있어야 하는 것으로요. 대학이 자체 브랜드 가치를 높여서 우수한 신입생을 많이 유치를 해야 하건만……. 미국 전체 대학교에서 약 18퍼센트의 여학생이 성폭력을 경험한다고 합니다. 그중에 88퍼센트는 신고를 하지 않고요. 학생이 신고를 한다고 해도 학교 차원에서 학교의 브랜드 가치를 손상시키는 일이라고 생각하기에 오히려 성폭력 피해자의 입을 막고 올바른 사후처리도 실천하지 않는 실정입니다. 그래서 성폭력 생존자와 조력하는 활동가 두 명이 미국 전역의 성폭력 문제를 인지한 대학생들과 연대해서 전국적인 캠페인을 벌이고, 결국 2014년 오바마 대통령이 미국 대학 내 성폭력 예방을 위한 '이것은 우리 모두의 캠페인이다'라는 운동을 지지할 수 있게 만들었습니다.

지난 주말 택시에서 성희롱을 당한 이후에 다산 콜센터에 전화해서 신고 접수를 했습니다. 그리고 그 이후에도 두 번정도 택시를 더 탔습니다. 택시를 타면 불안했기 때문에, 부득이한 경우에만 택시를 탔습니다. 이러한 경험은 노동자이자 자유 민주주의 국가의 시민인 제 자유를 매우 제약하고 있습니다. 아마 택시기사는 주의나 감봉이나 경고 등의 처분을 받으며 그저 편해서 말했던 것이고 농담으로 말한 것이라고 얘기할지 모릅니다. 그런데 저는 그렇게 생각하지 않습니다. 분명히 의도를 가지고 판단을 해서 한 행동이라고 생각합니다. 또한 아무런 의도 없이 무심결에 한 행동이라면 그것이야

거리에 선 페미니즘

말로 더 문제가 있다고 생각합니다. 평범한 중년 남성이 젊은 여성을 상대로 편하게 성적 농담을 할 수 있는 것은 자신이 상대보다 더 우위에 있고 여자를 그냥 보지 달린 계집년이라고 느끼게 만드는 그런 사회 분위기가 형성되어 있기 때문이라고 봅니다. 수많은 보통 사람들이 그렇게 함부로 말하고 함부로 행동하고 함부로 폭력을 가합니다. 그것이 오늘날 대한민국의 민낯입니다.

누군가 그 택시기사에게 "선생님 좀 아프시네요. 저희랑 치료받으러 가셔야겠어요"라고 말한다면 그 사람은 완강하게 거부할 것입니다. 50년 평생을 자신의 행동이 왜 잘못되었는지를 알지 못한 채 살아왔기 때문입니다. 그런데 그런 사람들이 우리 주변에는 굉장히 많이 존재하고 있습니다. 여성을 하대하고 무시하고 성적인 대상으로 경멸하면서 보는 사고방식으로 살면서도 아무런 제재를 받지 않고 페널티도 물지 않으면서요. 그 과정에서 많은 여성들이 도구화되고 상처받고 있습니다. 저는 이런 사회 분위기부터 바꿔야 한다고 생각합니다. 역설적이지만 오히려 우리는 폭력과 공포에 잠식되어서는 안 된다고 생각합니다. 자조적으로 '아, 정말 아직 멀었나봐'하고 생각하기보다는 더욱더 적극적으로 용기내어 나서야 한다는 생각합니다.

오늘 주제가 '나는 그곳에 있었습니다'인데요, 저는 이렇게 말하고 싶습니다. "우리는 어디에든 있어야 한다." 모든 곳에 있을 수 있어야 한다고요. 당연히 무섭고 두렵습니다. 그 일 이후로 저도 택시를 탈 때마다 더 많이 불안하거든요. 그런데 무섭고 두렵다고 모든 것을 피할 수만은 없습니다. 지금 그럴 때 아닙니다. 시민으로서 야근도 하고 술도 마시고 내가 입고 싶은 대로 옷을 입고, 노동자로서 자유와 권리를 100퍼센트 누릴 수 있는 사회를 만들어야 할 것입니다. 그를 위해 우리 모두가 용기를 내야 한다고 생각합니다. ∞ 로리

저는 인간이 아닙니다.
저는 여직원입니다.

●

저는 인간입니다. 그러나 인간이 아닙니다. 저는 여자입니다. 저는 어느 회사의 직원이지만, 직원이 아닙니다. 저는 여직원입니다. 3년 전 스물세 살 대학생이었지만, 대학생이 아니라 여대생이라고 불렸습니다. 항상 제게는 성별이 따라붙었고 무엇인가 모자란 존재였습니다. 17일 새벽 한 인간이 한 여자를 죽였습니다. 인간의 외로움을 달래주기 위해 하나님께서 자신의 갈비뼈를 꺼내 만든 하찮은 존재인 여자가 자신을 무시했다는 이유만으로 여자를 죽였습니다. 그에게 여자는 인간이 아니었습니다. 남자로 태어난 자신보다 가치가 낮고 만만하고 하찮은 존재였습니다. 그에게 여자는 성욕을 해소할 수 있는 자위기구였고 화가 나면 때릴 수 있는 샌드백 같은 존재였을 것입니다. 언젠가는 자신의 밥을 짓고 설거지를 하고 빨래를 하고 아이를 키우고 자신의 어려움을 들어주고 도와주기 위해 창조된 존재로 보았을 것입니다. 자신을 위해 뼛조각으로 만들어진 2등 시민인 주제에, 감히 자신과 동등한 취급을 받는 것이 화가 났겠죠. 그는 여자가 자기를 무시해서 죽였다고 하지만 사실 자신이 여자를 무시했기 때문에 죽였습니다. 죽임을 당해도 괜찮은 그런 존재이기 때문이었습니다.

"페미니즘은 여자도 사람이라는
근본적인 개념이다."

●

체리스 크라마레

저도 대다수의 여자들과 마찬가지로 제가 2등 시민이라는 것을 어릴 적에 깨달았습니다. 저를 낳아보니 '어떡하지 고추가 없네?' 싶어 부모님은 부랴부랴 이름을 남자이름으로 지었습니다. 초등학교 1학년 때입니다. 짝꿍이 제 땋은 머리를 당기고 도망가는 것을 반복하면서 장난을 쳤지만, 어른들은 "너를 좋아해서 그래"라고 말했습니다. 저는 그게 아프고 싫고 피하고 싶었지만 "하지 마"라는 말을 할 수 없었습니다. 저는 감히 남자아이의 순수하게 좋아하는 마음과 깨지기 쉬운 자존심을 건드려서는 안 되는 존재였기 때문이었습니다. 그 아이는 거기서 멈추지 않았습니다. 급식을 받으러 복도에 서 있을 때 뒤에서 제 보지를 만졌고 손가락을 모아 엉덩이 사이에 찔러 넣었습니다. 선생님과 부모님께 말씀드렸지만 답은 똑같았습니다. "남자 애들은 원래 호기심이 많아서 그래." 중학교 때였습니다. 같은 반 남자아이는 책상 옆에 기대서 친구와 얘기하고 있는 제 허리를 갑자기 붙잡더니 "가슴 큰 아이야, 잠시 좀 비켜줄래?"라고 했습니다. 저는 아무 말도 하지 못했습니다. 아무 말도 하지 않도록 배워왔기 때문이었습니다. 고등학교 자율학습 시간에 교실에서 야동과 애니메이션을 보는 남자애가 있었습니다. 여자애들은 변태라고 놀려댔지만 그 아이는 계속 그런 만화를 보았고, 다른 친구들이 옆에서 계속 좋아해줬습니다.

남자들은 원래 그렇기 때문에
당연하기 때문에 아무 말도 할 수 없었습니다.

　대학교에 들어갔습니다. 남자 동기들은 여자 동기들의 몸매를 1부터 10까지 점수를 매겨 서로 공유했고 각자 '자위할 때 상상하는 여자 동기가 누구냐'며 이름을 밝혀대며 놀았습니다. 어느 아이는 저를 보고 너는 가슴이 커서 매력이 있다고 친구들에게 말했습니다. 저는 화가 났지만 두려워서 아무 말도 하지 못했습니다. 남자들은 원래 그렇기 때문에, 당연하기 때문에 저는 아무 말도 할 수 없었습니다. 하찮은 존재로 계속 살았습니다. 문제 제기를 하면 제가 너무 예민하기 때문에, 제가 손해를 당하기 때문에 항상 가만히 있었습니다. 2년 전 저는 취업했습니다. 취업한 첫날 제 옆 팀 차장이 말했습니다. "우리 회사에는 여자가 불이익이 있어. 알고 시작해. 모르는 것보단 낫잖아?" 그때만 해도 불이익이 뭔지 잘 알지 못했습니다. 그냥 지금껏 그래왔던, 여자라서 당연히 감수해야 하는 것들이라고 생각했습니다. 하지만 한 달 동안 처음 보는 사람들로부터 항상 이런 말들을 들었습니다. "우리 회사는 여자를 싫어하는 회사예요. 승진 가장 많이 한 사람이 차장일걸?", "우리 회사에서 살아남으려면 남자가 돼야 해", "여자는 살림이나 하지", "요즘 남자들 얼마나 공부를 못하면 여자를 뽑아?"

거리에 선 페미니즘

남자들은 강남역 살인사건을 두고 성별 구도로 몰아가지 말라고 하지만, 정말 성별 구도로 나눈 사람들은 바로 남자입니다. 성별 구도를 나누고 이익을 본 것도 남자입니다. 더 있습니다. 그들은 제가 여자이기 때문에 출장에 데려가지 않는다고 했고, 제가 여자이기 때문에 현장에 가봤자 득이 될 것이 없을 거라고 했습니다. 제가 여자이기 때문에 남직원들보다 일을 더 잘하지 않으면 인정을 못 받는다고 했습니다. 제가 여자이기 때문에 공원에서 담배도 피면 안 되고, 제가 여자이기 때문에 카카오톡 프로필 사진에 남자친구 사진을 올리면 걸레로 오인받을 수 있다고도 했습니다. 제가 여자이기 때문에 회사에서 좀 더 웃고 상냥해져야 한다고 했습니다. 그리고 제가 여자이기 때문에 회사에서 힐도 신고 다녀야 하고 성희롱을 해도 유연하게 대처하고 하하 호호 웃으면서 지혜롭게 처신하라고 말했습니다. 제가 여자이기 때문에 터득해야 하는 여직원만의 그런 사회 생활이었습니다. 그런데 남자들은 자기들이 역차별을 받는다고 했습니다. "너는 술을 안 마셔도 되잖아" 하면서 말입니다.

어느 남자는 부부싸움을 하다가 방문을 주먹으로 때려서 구멍이 여러 개 났다는 무용담을 늘어놓았습니다. 임신 8개월 차 아내가 배 속 아기와 이야기하라고 하자, "어디 감히 사회생활 하는 남편이 회식하고 돌아왔는데 애기랑 놀아달라고 해?" 하면서 호통을 쳤다고 자랑스럽게 말했습니다. 아기를 돌보기가 너무 싫어서 야근한다고 거짓말을 하고 영화관에서 액션영화를 봤다고도 했습니다. 아기가 태어나면 최대한 일을 비효율적으로 해서 최대한 집에 늦게 들어갔다고 했습니다. 공장에 갔습니다. 치수를 재는 도구에 이렇게 적혀 있었습니다. "애인 유방 만지듯." 회식만 되면 저희 부장은 "김마담 보고 싶다, 김마담 불러 달라"며 저한테 윙크하며 말합니다. 점심을 먹으면서도 자신은 여름휴가를 국내 워터파크를 가는 이유가 바로 수영복 입은 젊은 여자를 보기 위해서라고 했습니다. 그런데 남자직원들은 "술을 억지로 마실 필요가 없지 않냐"며 사회생활 편하게 한다고 말을 합니다.

다른 여직원들은 가만히 있는데
왜 너만 그렇게 예민해?

운이 좋게 처음으로 해외출장을 갔습니다. 수많은 고객 앞에서 영어로 중요한 발표를 했습니다. 과장님과 차장님은 제가 회사의 중요한 인재라고 우리 회사의 무기라고 했습니다. 그런데 행사가 끝난 당일 그들은 사라졌고 저녁 시간이 되어서야 나타났습니다. 그들이 나타난 곳은 홍등가였습니다. 빨간 불이 나오는 이상한 곳이었고 다들 표정이 이상했습니다. 뭐했냐고 물었더니 발마사지 받았다고 했지만 그들에게는 이상한 싸구려 비누 냄새가 강하게 났고, 발마사지에 왜 나를 데려가지 않았냐고 물었으나 아무런 대답이 없었습니다. 나중에 한 명이 바보같이 고백했습니다. 베트남에서 성매매를 했다고, 그래서 너를 데려갈 수 없었다고. 성희롱 신고도 했습니다. 여러 차례 수개월간 제 머리를 쓰다듬고 어깨와 허벅지 허리를 만졌다고 신고했습니다. 그런데 4개월이 지나서야 그 사람이 경미하게 처벌을 받았습니다. 남직원들은 하나같이 제게 말했습니다. "야, 네가 아끼는 후배니까 예뻐서 만진 거지, 다른 여직원들은 가만히 있는데 왜 너만 그렇게 예민해?" "그 사람도 가장이야, 그 사람 가정은 어떡해?" "영화 〈나를 찾아줘〉 알아? 거기 정신병에 걸린 여자가 나오는데" 하면서 저를 정신병 있는 여자 취급을 했습니다. "그 사람도 상처가 많은 사람이야. 참 불쌍하다, 그 사람도 사랑하는 가족이 있어." 그 순간 저는 사라지고 오로지 불쌍한 그 가해자만 남았고, 저는 불쌍한 한 인간의 앞날을 가로챈 파렴치한 년이 되었습니다.

아무도 제가 겪었던 고통은 말하지 않았습니다. 제가 겪었던 수치심과 외로움과 죽을 것 같은 시간은 묻지 않았습니다.

제 미래와, 제 회사 생활과, 제 생계와, 제 삶에 대해서 묻지 않았습니다. 그들은 가해자의 앞날만을 걱정해주었습니다. 철저하게 가해자의 감정에 이입해서 그 사람은 안쓰럽고 불쌍하고 재수 없게도 더럽게 예민한 애를 만나서 처벌받은 평범한 대한민국 가장으로 만들었습니다.

제가 겪은 부당함은 왜 사소한 것입니까? 여자는 차별받아도 되는 존재입니까? 화가 나고, 분노가 일고, 슬프고, 죽고 싶은 적도 있었습니다. 하지만 주변에서는 말했습니다. "너 힘들지 않아, 별거 아니야, 원래 사회가 그래, 원래 인생이 그렇고 힘든 게 당연해. 버텨, 참아"라고. 이건 아니라고, 문제가 있다고 바꿔야 된다고 말하자 다들 화를 냈습니다. 그리고 말합니다. "모든 남자가 그런 게 아니야. 좋은 남자도 있어. 네가 운이 없었던 거고, 네가 뭔가 유발했을 거야. 네가 웃지 않았고 네가 상냥하지 않았기 때문에 너를 더 보기 위해서 그랬을 거야"라고 말입니다.

화가 나지만 화를 낼 수도 없습니다. 분노가 제 머리끝까지 차오릅니다. 침묵하도록 요구받습니다. 계속 2등 시민의 위치에 서 있도록 요구받습니다. 조용히 하라고 하고 중요하지 않다고, 제가 겪은 일은 사소하다고 하고, 그냥 버텨야 하는

"나는 왜 사람들이 페미니스트
라고 말하는 것을 꺼리는지 모르
겠어요. 페미니즘이 나쁜 말로
인식되는 지금의 상황만큼 우리
가 가부장적 세계에 살고 있다는
것을 분명히 보여주는 사례가 또
어디 있겠습니까?"

●

엘렌 페이지

거라고. 해일이 이는데 조개나 줍고 있다고 사소한 일이라고 합니다. 여기 있는 남자분들에게 묻고 싶습니다. 제가 말씀드린 것 겪은 분들 있습니까? 남자라서 승진 안 될 거란 말 들어본 적 있습니까? 남자들이 지금 갖고 있는 것은 특권입니다. 기득권입니다. 당신이 오로지 운이 좋아서 남자로 태어났기 때문에 겪지 않은 것들을 나머지 인구의 절반은 겪고 있습니다. 감사하게 생각하세요. 당연하지 않게 생각하세요. 갖고 있지 않은 사람들이 가질 수 있도록 노력하시고 공부하시고 시간을 투자하길 바랍니다.

지난 17일, 여자를 죽인 그 남자는 여자가 자기를 무시했다고 했지만, 도대체 여자가 남자를 어떻게 무시했습니까? 남자가 여자를 무시할 때 여자는 가만히 있었습니다. 무심한 척 괜찮다고 했습니다. 버틸 수 있다고 했고, 문제를 일으키지 않았습니다. 상대가 자존심에 상처를 받을까봐, 당신의 앞날이 걱정되어서 오히려 여자들은 가만히 있었습니다. 가만히 있어서 죽었습니다. 저도 오늘 당장 죽임을 당할 수도 있습니다. 이왕 죽을 거면 할 말은 하고 죽겠습니다. 여자는 사람입니다. 똑같은 권리와 가치를 갖고 있는 소중한 존재입니다. 그걸 잊지 않았으면 좋겠습니다. ∞ 퓨리

사람들은 말합니다.
처신 똑바로 하고 다니라고.

●

　저는 그저 참석만 하려고 이 자리에 왔습니다. 그런데 많은 분들이 말씀하시는 것을 보고 용기를 냈습니다. 저는 대학생이 되고 나서 엄마랑 많이 싸웠습니다. 왜였을까요? 통금 때문이었습니다. 해가 지면 8시부터 엄마가 계속 집으로 돌아오라고 전화를 하셨습니다. 하지만 제 남동생에게 통금은 없었습니다. 그렇게 싸움은 시작되었습니다. 어머니가 통금 시간을 만든 이유는 말하지 않아도 여성분들이라면 다들 짐작하실 것입니다. 사회가 위험하니까 일찍 들어오라고. 엄마 입장에서는 당연할 수 있다고 생각하기도 합니다. 소중한 딸이 폭행을 당하거나 납치를 당하거나 최악의 경우에 죽어서 돌아오면 그 심정이 어떠하시겠어요. 이해는 합니다. 하지만 당시 저는 그 마음을 알면서도 계속 반항을 했습니다. 저도 제 일이 있고 제 삶이 있기 때문입니다. 저는 사회가 위험하다는 이유로 그 모든 것을 포기하고 해지기 전에 집으로 돌아오라는 말에 화가 납니다. 아마 지금 여기 계신 여성분들도 이런 이유로 부모님들과 다퉈본 분들이 많으실 것입니다. 그런데 남성분들은 어떨까요? 자라면서 통금에 대해서 압박을 받아보신 적이 있나요? 아마 보통의 경우 없을 것이라고 생각합니다. 제 남동생의 경우처럼 말입니다.

  엄마는 항상 "넌 다 큰 것 같지만 애야, 나중에 네 동생도 대학 가고 성인 되도 똑같이 할 거야"라고 말했습니다. 그렇지만 결과는 달랐습니다. 제 동생이 스무 살 성인이 되어서 친구들과 논다고 새벽 1시에 돌아와도 엄마는 전혀 압박하지 않으셨습니다. 저는 엄마에게 말했습니다. "왜 쟤는 일찍 오라고 안 해?" 그러면 엄마는 이렇게 말합니다. "남자애잖아." 정말 대단합니다. 남자라는 이유 하나로 밤늦게 돌아다니는 것에 아무런 걱정과 제약을 받지 않아도 되는 것입니다. 이런 상황이 정상적이라고 생각하시나요? 강남역 사건만 봐도 많은 이들이 여자의 죽음에 대해 공감해주지 않습니다. 연민해주지도 않아요. 기사 밑에 달린 댓글을 보면, "누가 밤늦게 돌아다니래?" "그럴 만했겠지" 하는 반응이 무수합니다.

  한번은 그런 일이 있었습니다. 늦은 시간이었고 저는 거의 막차시간에 지하철을 타고 가고 있습니다. 어떤 분들은 주무시고 어떤 분은 가만히 핸드폰을 보고 있었습니다. 저도 가만히 핸드폰을 보고 있었고요. 그런데 갑자기 어떤 중년 남성분이 조용히 주무시고 계시던 여성분의 머리채를 갑자기 쥐어잡고서 "시발년아"라고 했습니다. 한 번으로 끝난 게 아닙니다. 여성분은 자다가 깨서 놀라 쳐다보았고, 그 남성은 아랑곳하지 않고 계속 욕설과 폭력을 가했습니다. 머리채를 쥐고 흔들고 때리고요. 근데 아무도 말리지 않았습니다. 물론 저도 보고 있었습니다. 그 순간 저도 무서웠기 때문입니다. 얼마 지나지 않아 지하철이 멈추었습니다. 그제야 사람들은 말리기 시작했습니다. 갑자기 자다가 머리채를 잡힌 여성분도 남성에게 욕을 하면서 맞서기 시작했습니다. 왜 그러냐고, 그만하라고. 그런데 사람들이 말리면서 하는 말이, 폭력을 가한 아저씨한테는 "아저씨 술 취했으면 곱게 들어가세요"라고 하고 여성분에게는 "그만해요 아가씨 다쳐요"라고 했습니다.

지금 생각해보면 이런 생각이 듭니다. 왜 그 여성분이었을까, 그 지하철 칸에 여자라고는 저와 그 여성분이 전부였습니다. 다른 수많은 남자도 있었는데 말입니다. 타깃이 두 여자 중 한 명이었던 것은 아닐까. 그중에서도 깨어 있던 제가 아니고 주무시던 여성분이었습니다. 남녀 중에서 여자, 그리고 그중 더 만만한 졸고 있는 여자. 그 여자분이 폭행에 맞서서 욕과 폭력에 맞서서 저항할 때도 가해자는 더하면 더했지 멈추지는 않았습니다. 다른 남자들이 나서니까 그제야 좀 조용해졌습니다. 얘기하다 보니 이런 생각도 듭니다. 만약 그 여성분이 피해자가 아니라 제가 피해자였다면? 저는 그때 마중

나올 사람도 없었고, 집에 혼자 가는 길이었습니다. 제가 그 여성분과 똑같은 상황에 처해서, 욕을 하고 똑같이 싸웠다면 어땠을까. 저는 그 아저씨한테 끌려갔을 수도 있고, 크게 다쳤을 수도 있지 않았을까. 당장 이 '필리버스터'가 끝나고 돌아가는 길에, 잠시 후, 내일, 그 이후에 어떻게 될지 모른다는 공포가 여전히 제 마음속에 존재합니다. 왜요? 여자이기 때문에. 사람들은 말하죠. 행동과 처신을 똑바로 하라고. 그런데 똑바로 하고 조심해도 사회 분위기가 이런 이상 달라지는 것은 없습니다.

모든 남자들이 다 그런 건 아닙니다. 맞습니다, 일반화시키는 건 안 좋은 일입니다. 모든 남자들이 그런 게 아니라는 것은 알고 있습니다. 하지만 단 하나의 지뢰를 피하기 위해서 여자인 저는 조심하고 또 조심하고 살아가야 합니다. 이는 생존의 문제입니다. 마지막으로 기억해주세요, 저는 이곳에 있었습니다. ∞ 난

문고리를 걸어 잠그는 것 말고는
저를 방어할 수단이 없었습니다.

●

　　저는 지금 부모님과 함께 반지하방에 살고 있습니다. 어버이날 행사로 부모님이 집을 비우시고 저 혼자 2박 3일을 보내게 된 적이 있었습니다. 오랜만에 혼자 집에 있으니까 밤새 놀 수 있어서 기분이 좋았습니다만, 막상 밤이 되니 무서웠습니다. 반지하라 어두워서 더 무서웠습니다. 예전에 집에 누가 침입하려고 했던 적이 있어서 밖에서 작은 소리라도 나면 몸이 움츠려들었습니다. 그래서 잘 때 장롱 안 이불 사이에 날 세운 맥가이버 칼을 넣어놓고 잤습니다. 혹시 누가 침입하거나 날 폭행하려고 할 때 찌르려고 말입니다. 엄마는 예전에도 제가 그러는 걸 보고 "그러다 너만 더 위험해진다"고 하시긴 했지만요. 그런데 사실 그 상황에서 제가 할 수 있는 예방이라는 게 그런 거밖에 없었습니다. 문고리를 걸어 잠그는 것 말고는 저를 방어할 수단이 없었습니다.

　　언젠가 제가 늦게까지 술을 먹고 버스가 끊겨서 택시를 타려고 기다리는데 술에 취해 휘청거리는 아저씨 무리와 점점 가까워지게 되었습니다. 저는 본능적으로 무서웠습니다. 너무 무서워서 헐레벌떡 뛰다가 빙판길에서 두 번 넘어져서 멍

"내가 페미니즘에 관해 더 많이 말할수록, 여성 인권을 위해 싸우는 것이 자주 남성 혐오와 동일시되고 있음을 깨닫는다. 내가 단 한 가지 확신할 수 있는 것은, 그러한 인식은 없어져야 한다는 것이다. …… 성평등은 여성뿐만 아니라 남성들도 규정된 젠더 고정관념으로부터 해방시켜줄 것이다."

●

엠마 왓슨

도 심하게 들고, 휴대폰 배터리까지 나간 상황이 되었습니다. 두려웠습니다. '나는 두려움 없이는 못 사는 존재인가' 하는 생각도 들었습니다. 제가 무슨 일을 당하더라도 사회는 '네가 밤에 돌아다니니까 그렇지, 네가 휴대폰도 제대로 충전을 안 해놓고, 돈도 제대로 마련을 안 해놓고 막차시간도 몰라서 당한 거다'라고만 말할 것 같았습니다. 저는 여자이기 때문에 두려움에 떨어야 하는 이 사회가 정말 무섭습니다. ∞ 라일리

좋아하는 치마를 입고,
빨간 입술도 하고 싶습니다.

●

　　정말 많은 고민 끝에 여기 섰습니다. 저는 지금으로부터 10년 전 이야기를 하려고 합니다. 제법 시간이 지난 일이지만 지금까지 잊지 못하고 기억하고 있습니다. 잊을 수도 없고, 잊어서도 안 되는 일이기 때문입니다. 저는 아동성폭력의 생존자이자 피해자입니다. 10년 전 저는 열두 살이었습니다. 그날은 더위가 가시기 시작한 늦여름이었습니다. 저는 반팔과 반바지를 입고 있었습니다. 해가 좀 짧아진 무렵이기도 하고 어머니가 집에 빨리 오라고 해서 일찍 집으로 향했습니다. 저는 지금도 순종적이고 부모님 말을 잘 듣는 편입니다. 일찍 집에 가기 위해 가로질러 가는 길을 택했는데 그 길은 많이 어두웠습니다. 어쩌다 보니 길 중간에 있는 공중 화장실에 들렀습니다. 그런데 화장실 안에 남자 두 명이 있었습니다. 문을 열자마자 역한 술 냄새가 확 났습니다. 지금도 그 냄새가 잊히지 않아서 술을 잘 못 마십니다. 냄새도 못 맡고요. 이게 외상후스트레스 증후군이라는 것을 나중에야 알았습니다. 한 명은 커터 칼을 들고 있었고, 한 명은 저를 정말 세게 잡았습니다. 학교 성교육 시간에 그럴 때 어떻게 대처해야 하는지 다 배우잖아요. "싫어요, 안 돼요, 하지 말아요." 저는 겁이 많아서 그런 말도 하지 못했습니다. 그렇게 성폭력을 당했습니다.

그날 저는 신고하지 못했습니다. 집에 오자마자 제가 가장 먼저 한 일은 머리부터 발끝까지 싹 씻는 것이었습니다. 그리고 긴 팔 긴 바지를 입었습니다. 팔다리에 멍이 엄청나게 든 걸 가리려고요. 당시 저는 순종적이고 엄마 아빠의 말을 어겨본 적이 없었습니다. "불효하면 안 된다, 너는 장차 엄마가 될 몸이니까 너의 몸을 소중히 여겨야 된다"라는 말을 듣고 컸습니다. 아마 여자분들은 한 번 이상 들어본 말일 것입니다. 엄마 아빠에게조차 말할 수 없습니다. 잘못을 저지른 것만 같았기 때문입니다. 그날 이후 저는 아빠가 술 먹고 오면 아빠 눈을 똑바로 못 봤고 그런 저를 보고 엄마 아빠는 "얘가 사춘기가 와서 갑자기 변했다"고 말씀하셨습니다. 전 그 과정에서도 상처를 입었습니다.

저는 남들보다 2차 성징이 빨라서 골반이나 가슴 발육이 빨랐는데 그게 싫었습니다. 여성성이라는 게 싫었고, 제가 여성으로 세상에 태어났다는 게 너무 싫었습니다. '오랜만에 보니까 여자가 됐네, 시집가야겠다' 이런 말이 싫었습니다. 중학교, 고등학교 때는 머리도 짧게 잘랐어요, 그런 스타일을 좋아하지도 않는데도. 그 뒤로는 "아가씨가 다 됐네." 그런 말

듣지 않아서 좋았고요. 저는 제가 갖고 있는 여성성에 대해 굉장히 큰 불만을 갖고 있었습니다. 하지만 지금은 알고 있습니다. 결국 제가 피해자인 저 자신을 학대해오고 있었다는 것을 말입니다. 10년이 지난 지금까지도 저 자신에게 괜찮다고 말해줄 자신이 없었던 것입니다. 전 잘못한 게 없습니다. 빨리 들어오라고 해서 열두 살배기 여자애가 좀 빨리 갈 수 있는 길을 택한 게 잘못일까요? 아니죠. 제 잘못이 아닙니다.

그동안 저는 하루에도 수차례씩 벌어지는 여성 혐오적 발언에서 자유로울 수 없었고, 뉴스에서 여자들이 죽을 때마다 같이 죽는 기분이 들었습니다. 그 사건 이후로 중학교 3학년 때까지 진짜 더운 여름에도 긴 바지를 입었습니다. 피부가 약한 편이라 피부가 짓물러 땀띠가 나면 거기에 로션을 바르면서도 긴 바지를 입었습니다. '내가 왜 이렇게까지 해야 되지'라는 생각 때문에 정말 많이 울었습니다. 그렇게 긴긴 시간을 보내면서 제 존엄성과 자존감에 대해 많이 생각하게 되었습니다. 지금은 제가 잘못한 게 아니라는 것을 알고 있습니다.

그런 일을 당할 수 있는 사람은 정해져 있지 않습니다.

저는 어른들이 "여자는 조신해야 한다, 여자는 아무 남자나 만나고 다니면 안 된다"라고 했을 때 맞장구를 친 적도 있습니다. '나는 그런 일을 당할 사람이 아니다'라고 생각했던 것 같습니다. 그런데 그런 일을 당할 수 있는 사람이 정해져 있는 게 아닙니다. 모든 여성이 약자이기 때문에 그런 위험에 노출되어 있습니다. 이제 그것을 명확히 알고 있습니다.

저는 남의 시선 때문에 늦게까지 노는 것을 포기하고 싶지 않습니다. 밤 9시가 다 된 시간에 여기 나와서 인적이 드문 제 집까지 들어가는 것을 포기하지 않고, 제가 하고 싶은 말을 하고 싶습니다. 제가 좋아하는 치마를 입고, 빨간 입술도 하고 싶습니다. 제가 좋아하는 것을 포기하고 싶지 않습니다.

하지만 10년 전이나 지금이나 크게 달라진 게 없다는 생각에 안타깝습니다. 어렸을 때 어른이 되면 세상이 날 보호해줄 수도 있지 않을까 생각했는데 강남역 살인사건이나 여자라서 겪는 폭력이나 혐오들을 보면서 제가 가진 희망이 부질없음을 느낍니다. 하지만 저는 피해자로서 동정과 안타까움의 대상이 되기보다는 생존자로서 행복하게 살 권리를 주장하는 사람이 되고 싶습니다. 또한 우리 모두가 살기 좋은 사회를 만들 수 있을 것이라 희망하고 싶습니다. 그러기 위해서는 여성에게 쏟아지는 폭력이 얼마나 심각한 상황인지 이게 더이상 외면할 일이 아니라는 것을 많은 사람들이 알아야 한다고 생각합니다. 세상에 많은 피해자들이 있다는 것은 가해자가 존재한다는 말입니다. 여성 혐오에 무지하고 관심 갖지 않고 멀리서 지켜보는 사람들도 어찌 보면 그 혐오에 동참하고 있는 것일 수 있습니다. 제 이야기를 털어놓을 데가 없어서 익명게시판에 올린 적이 있습니다. 그 글에 댓글이 달렸는데 "그러니까 왜 어두운 길로 다니셨어요, 정말 안타깝네요"라고 적혀 있었습니다. 저는 어두운 길을 다녀도 당당하게 죽지 않을 거라는 믿음을 가질 수 있는 나라에 살고 싶습니다. 혹시 듣는 분들 가운데 "쟤는 그렇게 예쁘지도 않은데 성폭행을 당했다고 그러네?"라고 하시는 분들도 있을 수 있습니다. 저는 그런 말을 들어본 적도 있습니다. 많은 분들이 아무렇지도 않게 피해자들에게 상처가 되는 말합니다. 우리는 그렇게 알게 모르게 피해자들에게 2차 가해를 하고 있는지도 모릅니다.

여러분이 뭘 입든, 뭘 하건, 성폭력을 허락하는 게 아니라는 걸 모두 아시겠지만 다시 한 번 말하고 싶습니다. 모든 여성들이 입고 싶은 옷을 입고, 하고 싶은 말을 하는 게 페미니즘이라고 생각합니다. 제 공부가 짧지만 그렇게 생각하고 있고 실천하려 노력하고 있습니다. 앞으로 여러분과 더 좋은 세

"페미니즘의 토대는 여성이 남성으로부터 성적으로 이용당하고 학대받았다고 말하는 이야기를 믿어주는 데에 있다."

●

캐서린 매키논

상에서 살고 싶은 마음입니다. 이렇게 제가 여러분 앞에 얼굴을 드러내고 이야기를 할 수 있다는 것만 해도 어쩌면 여성혐오가 없어지는 날에 한 발짝 더 가까워진 것이 아닐까 생각해봅니다. ∞ 주드

일부 남성의 책임이 아닙니다.
모든 남성이 책임의 일부입니다.

●

　　많이 떨리네요. 지루하고 딱딱한 이야기가 될 것 같습니다. 이번 사건을 보면서 남성으로서 제가 느꼈던 것에 대해 말씀드릴 것입니다. 아마 이 이야기는 남성들에게 하는 말이 되지 않을까 합니다. 강남역에 분향소가 차려진 후에 제 지인분이 거기 갔다가 어떤 남성분이 포스트잇 쓰는 것을 봤다고 합니다. 그분은 이렇게 썼답니다. "앞으로 여자들을 잘 보호하겠습니다." 저는 그런 의문이 들었는데요, 이 일이 한 남성이 한 여성을 지키지 못해 발생한 일일까 하는 것입니다. 이 일은 한 남성이 한 여성을 죽인 일이 아닐까요? 과연 이 일이, 남성이 혹은 누군가가 여성을 지키는 것만으로 해결되는 일일까요? 저는 메모를 남긴 그분을 비난하는 것이 아닙니다. 다만 그 '보호'라는 단어가 이번 사건과 관련해서 많은 것을 이야기해주고 있다는 생각이 들었습니다.

　　우리는 누군가를 보호한다고 할 때 그가 자기보다 약하다고 생각합니다. 그리고 보호할 대상을 24시간 따라다닐 수 없기 때문에, 보호를 위한 요구를 합니다. 가령 우리는 아이들에게 밤늦은 시간에 돌아다니지 말라고, 혹은 위험한 동네에 가지 말라고 요구합니다. 하지만 아이들이 우리가 한 말을 어기고 문제가 터졌을 때 이렇게 말합니다. "그거 봐라, 가지 말라고 그랬지." 물론 이 사회에서 아이와 여성이 차지하는 위치는 다릅니다. 여성들에게는 아이에게 보이는 것과 같은 관대함을 보이지 않습니다. 보호한다고 하고, 만일 그 여성이 사회가 정한 보호의 조건을 지키지 못하면 그 여성이 죽음을 자초했다는 반응을 보이곤 합니다. 그 조건이 언론들이 얘기한 이런 것일 수 있습니다. "새벽 1시에는 밖에 있지 말 것. 노래방 같은 곳엔 가지 말 것. 술을 마시거나 짧은 옷을 입지 말 것." 제가 말하고 싶은 것은 "우리가 보호를 한다"고 할 때, 보호자는 보호의 대상에 대해서 권력을 갖는다는 것입니다. 그 권력은 불균등합니다. 제가 이야기를 보호로 시작한 것은 보호 관계라는 것이 불균등함을 전제로 함에도 가장 좋은 것으로 분류되기 때문입니다. 그 보호라는 것은 그 불평등함 때문에 최악의 모습을 보일 수도 있습니다. 저는 불평등하고 불균등한 권력 관계가, 이번 사건의 큰 원인이라고 생각합니다. 이런 권력 관계의 가장 폭력적인 모습이 여러분들이 아시는 여성 혐오일 것입니다.

묻고 싶습니다. 남성들에게 요구하는 규범이 여성들에게 요구하는 것과 같은 것이냐고.

사람들은 여성을 혐오하는 이유를 이렇게 얘기합니다. "한국 여성들은 지나치게 허영심이 많기 때문에. 한국 여성들은 지나치게 이기적이기 때문에. 한국 여성들은 너무 남자에게 기대기 때문에." 이 같은 말들이 전제하는 것은 원래 여성들이 지켜야 할 본분이 있는데 한국 여성들은 이걸 지키지 않고 있다는 것입니다. 마치 어떤 사람은 보호할 가치가 없는 것처럼, 남성들은 여성들을 김치녀로 만들어버립니다. 남성들은 여성들을 쪼개고 나누고 어떤 사람들을 배제하고, 악마로 만들어버립니다. 그리고 그 속에서 불평등한 권력 관계는 계속 유지됩니다.

물론 누군가는 그럴 수도 있습니다. 하지만 묻고 싶습니다. 남성에게 요구되는 규범이 여성과 같은 것이냐고. 여러분은 한 남성이 남성이기 때문에 남성으로서 부당하게 요구받은 규율을 어기고 XX남으로 전락하는 것을 본 적이 있습니까? 김치남을 얘기하는 분들도 있을 겁니다. 하지만 사람들이 김치남에게 얘기하는 것은, '몰래카메라 찍지 말라, 때리지 말라, 혐오하지 말라'는 겁니다. 이건 남성으로서 부당하게 받은 규율을 어긴 것이 아닙니다. 사회의 시민으로서 마땅히 지켜야 할 윤리를 어긴 것이 아닙니까? 정말로 두 가지가 같습니까? 이런 상황에서 남성과 여성이 평등한 관계를 맺는 것이 가능할까요? 특히나 한국 여성은 김치녀라는 등식이 성립됐기 때문에, 다시 태어나지 않는 이상 이 난관을 빠져나올 수도 없습니다.

여성에게 규율을 정하는 것은 혐오받지 않으려면 지켜야 할 것이 가능한 것처럼 말합니다. 그래서 결국 어떻게 됐습니까? 여성을 혐오하고 때리고 죽여야 할 이유는 발로 채일 만큼 넘쳐나는데, 그 반대가 있습니까? 살인자가 말했습니다. "여성들이 나를 무시해서 죽였다고." 만일 우리가 누군가를 동등한 대상으로 본다면 무시한다고 때리고 죽이고 혐오할 수 있겠습니까. 그 사람은 반드시 나를 존중해야 하고, 내 말을 들어줘야 하니까, 그래서 그 사람을 죽인 거 아닙니까? 이게 광범위한 여성 혐오와 무엇이 다릅니까?

여성은 이래야 하고 저래야 한다고 마음대로 정해놓고, 그렇게 안 하면 함부로 욕하고 때리고 신상 뿌리고 몰래카메라 찍고. 이런 이야기들을 일상에서 다른 사람들과 계속해서 나누고, 마치 술집 안주처럼 이야기하는 게 가해자 살인자 남성과 뭐가 다릅니까? 여성을 동등하게 대하지 않고 함부로 욕하고 폭력을 저지르는 과정에서 우리는 어디까지 왔습니까? 저는 묻고 싶습니다. 여성을 동등한 사람으로 보기는 합니까? 특히 저는 또래 남성 집단 안에 있을 때 그런 생각이 듭니다. 사람이 김치입니까? 사람이 구멍입니까? 사람이 맛있는 것입니까? 그 말 속에서 그 여성들은 무엇이었습니까. 사람이었습니까? 그렇지 않았기에 여성들의 신체 부위를 몰래 찍어서 그것을 돌려보지 않았습니까? 그렇지 않았기에, 손쉽게 욕하고 때리고 죽이지 않았습니까?

이 한마디를 하고 싶습니다. '비인간화'는 모든 혐오의 필수적인 단계입니다. "이번 사건은 미친놈이 일으킨 것이다. 이번 일은 우발적이고 막을 수가 없었다. 일부 남성이 벌인 일을 전체 남성이 벌인 일로 치부하지 마라." 하지만 절대 그렇지 않습니다. 이번 일은 막을 수 있었습니다. 우리가 남성으로서 부당한 권력을 가지고, 부당한 규율을 여성에게 요구하고 폭력을 휘두르는 상황을 방치하지 않았다면, 한 남성이 여성이 나를 무시한다는 이유로 여성을 살해하는 상황은 발생하지 않았을 것입니다.

배제되는 것이 두려워서
침묵했습니다.

저는 지금까지 남성으로 사회에서 살아왔습니다. 술에 취

"하루아침에 세상이 바뀔 거라
고 기대하는 건 어리석은 일입니
다. 지금 당신이 할 수 있는 일을
하는 게 중요합니다."

●

제인 구달

해 졸면서 집에 가면서도 누가 나를 몰래 찍지 않을까, 누가 내 사진을 어딘가에 올려서 만취남이라고 하지는 않을까, 누가 나를 만지지 않을까 두려워하지 않았습니다. 그러는 사이에 누군가는 맨 정신으로 택시 타는 것도 두려워하고 있었습니다. 동성 집단 안에서 여성에 대한 혐오, 폭력, 비인간적인 시각이 만연하는 순간에도, 그것이 무엇을 의미하는지 알면서도 침묵하고 있었습니다. 배제되는 것이 두려워서 그랬습니다. 하지만 이제는 그러고 싶지 않습니다. 이제는 말하고 싶습니다. 남성은 변해야 합니다. 우리는 우리가 얼마나 불평등한 권력 관계 위에 서 있고 그것을 기반으로 얼마나 많은 여성들에게 폭력을 휘두르거나 인간처럼 대하지 않았는지, 비인간화했는지 혹은 배제되기 싫다는 이유로 방조해왔는지 직시해야 합니다.

지금의 이 끔찍한 상황은 우리와 무관하지 않습니다. 일부 남성의 책임이 아닙니다. 거꾸로, 모든 남성이 책임의 일부입니다. 우리는 변해야 하고, 혹은 남성들에게 변화를 촉구해야 합니다. 지금까지 너무 많은 사람들이 죽었습니다. 지금도 많은 사람들이 죽거나 고통을 당하고 있습니다. 남성이 스스로 변하거나 다른 남성들을 변화시킬 때, 우리는 무고한 사람들을 살릴 수 있습니다. 아니, 저는 사실 이 말은 틀렸다고 생각합니다. 더 정확하게는 우리가 누군가를 변화시키기 전에 우리 스스로를 변화시킬 때, 무고한 사람을 죽이지 않을 수 있습니다. 더 이상 사람이 죽지 않기를 바랍니다. ∞ 스머프

거리에 선 페미니즘

여성도 남성도 아닌 사람이
될 수 있다고 생각합니다.

●

　　반갑습니다. 저는 여성입니다. 그리고 바이섹슈얼입니다. 제가 여기서 보니 여러분 얼굴이 하나하나 다 보이네요. 저는 여러분께 궁금한 것이 있습니다. 여러분은 살면서 '난 여자야', '난 남자야', '난 여자도 남자도 아닌 거 같아'라는 생각을 한 적이 있나요? 그렇다면 그때가 언제였는지 기억하시나요?

　　저는 10년 전 여기 신촌에서 대학 생활을 시작하며 처음 여자가 되었던 것 같습니다. 그걸 정해준 건 그때 만났던 대학교 사람들, 선배들, 그때의 애인이었던 남자친구였던 것 같습니다. 그때까지는 귀밑 3센티미터 단발머리를 자르고 흰 와이셔츠 안에 속옷이 안 보이도록 러닝셔츠를 입고, 여름에도 맨살이 보이지 않도록 살색 스타킹을 신으며 여성의 징표를 보이지 않도록 살아왔는데, 이상하게도 스무 살이 되니까 다들 미니스커트를 입으라 하고, 여자니까 남자 선배들 사이에 앉으라고 하더라고요. '아, 나 여잔가?' 그런 생각이 들었습니다. 여러분은 첫 키스를 언제 해보셨나요? 기억나세요? 혹은 첫 포옹, 첫 애무, 첫 섹스를 언제 해봤는지. 저는 키스도 섹스도 다 신촌에서 했습니다. 저의 첫 키스와 섹스의 기억은 마치 제가 여자가 되던 것처럼 외부에서 알게 해준 느낌이었습니다.

처음 애인을 사귀고 그 사람의 얼굴을 오래 보고 싶어 밤늦게까지 술자리를 함께 했습니다. 집에 가기가 힘들어서 애인과 함께 자취방으로 갔습니다. 원룸이니까 이불이 하나밖에 없어서 이불을 같이 덮었습니다. 제 속옷 안으로 그의 손이 들어왔고, 저는 불쾌하여 그의 손을 밀어내었습니다. 하지만 그 손은 계속 제 속으로 들어왔습니다. 제가 애무라는 것을 처음 받아본 기억입니다. 그걸 애무라고 해야 한다면 애무 같은 거였습니다.

여성이 되는 일이 어떤 사람과 키스를 나누는 일이, 어떤 사람과 사랑을 나누고 섹스를 나누고 서로의 사랑을 나누는 일이 폭력이 아니었으면 좋겠습니다. 제가 여성이 되고 싶은 이유는 여성으로서 폭력을 감내하고 남성으로부터 보호받고 싶어서가 아닙니다. 제가 여성이고 싶은 이유는 이 자리에 모인 모든 여러분과 함께 여성으로서의 삶을 응원하고, 여성의 생존을 지지하며 살아갈 수 있다고 믿기 때문입니다. 저는 오늘 신촌에서 다시 한 번 여성이 되었습니다. 상상해봅니다.

밤늦게 집에 돌아갈 때 열쇠주머니 움켜쥐고, '누가 옆에만 오면 눈알 쑤실 거야'라고 생각하지 않고 짧은 스커트를 입고 망사스타킹을 신고 새벽 1시에 집에 들어가는 일을 상상합니다. 그렇게 여성으로 살기를 상상합니다.

저는 상상합니다. 남성인 애인이 저의 섹슈얼리티를 침해하지 않고, 누구도 폭력으로 인해서 입을 닫거나 원하지 않는 신체적 접촉을 하지 않고, 서로의 눈을 오래 바라보고 밤새도록 사랑을 나누는 그런 밤을 상상합니다. 여자도 남자도 아닌 이가 어떤 화장실에 들어갈지 고민하지 않고, 안전하게 용변을 오래 보고, 누군가 내 용모를 체크하면서 저 사람 남잔지 여잔지 검사하는 그런 눈을 느끼지 않고 편안하게 손까지 씻고 천천히 화장실을 나오는 그런 세상을 상상합니다. 저는 여성도 남성도 아닌 사람이 될 수 있다고 생각합니다. 그 이유는 여기 계시는 분들의 얼굴과 표정과 전해주시는 눈빛 덕분입니다. 여기서 누군가가 다치고 희생당하는 이유가 그 사람의 성별 때문이라면 저는 끝까지 함께 싸우겠습니다. 그리고 여기 있는 분들도 끝까지 싸워주시리라는 것을 믿습니다.

∞ 파니

그 순간에는 머리가 하얘져
어찌할 바를 몰랐습니다.

●

저는 일찍 음주와 가무에 눈을 떴습니다. 음주를 하려면 저녁에 나가야 하는데 '과연 부모님이 나가게 해주실까' 걱정도 있었고, 또 많은 어른들이 '여자애는 절대 밤에 나가면 안 된다' 하는 시골에 살았기 때문에 저는 밤에 몰래 집을 나갔다 오고는 했습니다. 가끔 숙제하러 간다고 거짓말도 하고 새벽에 잡히면 탈출도 하고요. 그런데 어느 날 만나기로 했던 친구가 늦게 오는 바람에 기다려야 했습니다. 시골이라 주변이 어두워 제일 밝은 터미널로 갔습니다. 택시 승강장에 앉아 있는데, 어디선가 멀리서 어떤 아저씨가 이런 노래를 부르며 다가왔습니다. "꼬마야, 꼬마야 뭐하니." 아저씨가 두 번을 부릅니다. 순간 불길함을 느꼈고 저는 도망쳤습니다. 빛이 보이는 데로 도망을 가서 아는 사람이 올 때까지 그대로 숨어 있었습니다. 나중에 다행히 친구를 만났습니다. 술을 마시는데 술잔이 달달달 떨렸습니다. 본능적 두려움이었습니다.

그리고 나이를 먹고 대한민국의 아줌마가 되었습니다. 여전히 음주가무를 좋아합니다. 새벽 네 시에 들어갔다가 신랑한테 쫓겨날 뻔하고. 그러다가 제가 택시를 탔습니다. 전 택

"그물을 짜되, 그물에 걸리지 않는 것, 세상을 창조하는 것, 자신의 삶을 창조하는 것, 자신의 운명을 다스리는 것, 아버지들만이 아니라 할머니들을 호명하는 것, 직선만이 아니라 그물을 그리는 것, 청소부만이 아니라 제작자가 되는 것, 침묵당하지 않고 노래하는 것, 베일을 걷고 모습을 드러내는 것, 바로 그런 것들이 내가 빨랫줄에 너는 현수막들이다."

●

리베카 솔닛

시 아저씨랑 얘기하는 것을 좋아합니다. 술 먹고 그냥 가면 졸리잖아요. 주거니 받거니 이야기를 하면서 아저씨가 제가 아줌마라는 것을 알았습니다. 그런데 택시는 저의 목적지가 아닌 다른 곳으로 가서 섰습니다. 택시기사는 저를 슥 바라보면서 자기 성기를 딱 꺼냅니다. 그러면서 만져달라고 이야기합니다. "아줌마는 아가씨보다 많이 만져봤잖아. 더 잘하지 않아? 흥분 좀 시켜줘." 당혹스럽고 두려웠습니다. 달리 방법이 없었습니다. 택시 문을 열고 달리는 수밖에는. 돌이켜보면 왜 신고하지 않았을까 싶기도 합니다. 어릴 때부터 예방 교육을 많이 받아온 저도 그 순간에는 머리가 하얘져 어찌할 바를 몰랐습니다.

작년에 회사를 퇴직하고 새 일자리를 알아보았을 때입니다. 이력서에 결혼 유무와 신랑 일자리까지 써야 하는 경우가 많았습니다. 왜 이런 것까지 적어야 되는지 의문을 가졌지만 돈을 벌어야 하니까 일단 쓰고 면접장에 갔습니다. 면접에서는 "결혼한 지 얼마나 됐어요? 남편은 뭐하고요? 애는 언제 낳아요?" 나중에 거기 면접장에서 뵈었던 분을 만나서 "제가 뭐 잘못한 게 있을까요?" 하고 물어봤습니다. 그분은 "저도 사회복지를 전공하는 여자로서 상사로 있고 대표로 있다 보니, 일을 좀 가르쳐주면 여자는 가버리는 분들이 많기 때문

거리에 선 페미니즘

에 아이를 낳을 계획이 있는 선생님은 좀 데미지가 있지 않을까요?"라고 말했습니다. 어느 순간 저는 제 꿈을 위해 일하는 것에 제약을 받고 있었습니다. 불현듯 한 인간으로서가 아니라 아이를 낳고 길러내야 하는 생산기기가 됐다는 생각을 하게 되었습니다.

얼마 전 회사에서 여성 안전 행복마을 프로젝트를 진행했습니다. 오죽하면 그런 걸 할까 하는 생각을 하게 됩니다. 너무 힘든 나라라서 남을 위한다는 게 어렵지만 '만약 나라면, 만약 내 친구라면 어떻게 했을까'라고 생각해봤으면 좋겠습니다. 남자가 안 좋다는 게 아닙니다. 남자가 싫다는 게 아닙니다. 누구든 행복하게 살았으면 좋겠고 같이 마음을 나누고 살아가면 좋겠다는 생각에 이 자리에 섰습니다. 마을에서, 지역에서, 사회에서, 그리고 국가적 차원에서 함께 살아갈 수 있는 그런 삶을 위해 힘썼으면 좋겠습니다. ∽ 희동이

나는 살아남을 것입니다.
이 증오의 밤을.

●

　　저는 다라라고 합니다. 산다라 아니고, 만다라의 다라입니다. 강남역 사건이 있고 나서, 경향신문에서 맨 처음으로 여성 혐오 살인으로 규정되어야 한다는 기사가 떴을 때 굉장히 슬펐습니다. 지금까지도 슬픔과 무거운 마음, 책임감 같은 것을 가지고 이 자리에 왔습니다. 어제 학교에서 돌아오면서 지하철을 타는데 노래 가사가 떠올랐습니다. 집에 돌아와서 작곡을 했고 여러분과 함께 공유하고 싶어서 이 자리에 왔습니다. 제가 만든 노래의 제목은 'undead sisters'인데요, '죽지 않는 자매들'이라는 뜻입니다. 우리가 소중한 자매를 잃었지만 그녀를 기억하면서 살아간다면 우리 안에 그녀가 계속 살 것이기에 죽지 않는 자매들이라는 의미를 담았습니다. 노래를 불러보겠습니다.

　당신은 아마 나를 좋아하지 않을지도 모릅니다.
　하지만 당신은 나를 상하게 하면 안 됩니다. 왜냐하면 나는 당신만큼 소중하기 때문입니다.
　어쩌면 당신은 나를 그냥 증오할 수도 있습니다. 하지만 그렇다고 당신이 나를 죽일 수는 없습니다.

거리에 선 페미니즘

내 생명은, 내 삶은 당신만큼 소중하기 때문입니다.

나는 살아남을 것입니다. 이 증오의 밤을.

나는 살아남을 것입니다. 나의 죽지 않는 자매들의 생명과 함께.

나는 살아남을 것입니다. 당신이 나에게 뭐라고 한다고 해도.

우리는 살아남을 것입니다. 당신이 우리에게 무슨 짓을 한다고 해도.

나의 죽지 않는 자매들의 삶과 함께. 나의 죽지 않는 자매들의 삶과 함께. ∞ 다라

밤늦게 들어온 저의 모습을 보고
엄마는 정신을 놓고 때렸습니다.

●

　　여러분의 이야기를 듣다 보니 저는 서글프게도 운이 좋은 삶을 살았던 것은 아닌가 하는 생각이 듭니다. 제가 이 자리에 이렇게 선 이유는 여자인 제 목소리가 필요하다고 생각이 들었기 때문입니다. 한 여자가 죽었는데 그 죽음을 두고 해결하고자 하는 방법이 고작 "밤길을 조심해라, 혼자 다니지 마라, 술 많이 마시지 마라, 옷 단정하게 입어라"라고 말하는 이 사회를 향해 그것이 답이 아님을 말하고 싶어서입니다. 더 이상은 이런 방법으로 문제를 해결하려고 하는 것을 듣고 싶지 않습니다. 저는 밤에도 마음껏 돌아다니고 싶습니다. 마시고 싶은 대로 술 마시고 싶습니다. 제가 입고 싶은 옷 마음대로 입고 싶습니다.

　　고등학교를 졸업하고 갓 대학에 갔을 때 엄마한테 맞았습니다. 새벽 2시에 집에 들어왔다는 이유입니다. 밤늦게 들어온 저의 모습을 보고 엄마는 정신을 놓고 때렸습니다. 왜냐? 너무 위험하기 때문이라고 하셨습니다. 하지만 남동생은 때리지도 않고 혼내지도 않았습니다. 왜 제가 맞았을까요? 내가 어떤 일을 당할까봐, 엄마의 마음이 그랬겠죠. 지금의 엄마들 마음도 그럴 것 같습니다. 이 세상이 인공지능이라고 변하고 있다고 하지만 여성의 불안은, 여성의 공포는 사라지고 있지 않다는 현실이 서글프기만 합니다.

이 사건을 보고 미래의 아이들이 여자라서 공포에 떨고 두려움에 떨어서는 안 된다는 생각이 듭니다. 우리 아이들이 안전하게 자유롭게 살 수 있는 세상이 되어야 하지 않을까 생각합니다. 이렇게 많은 사람들의 이야기가 마중물이 되어서 지금 여성들이 겪고 있는 성추행, 성폭행 모든 폭력들이 드러나야 된다고 생각합니다. 이제까지 분노를 참고 삼켰다면, 이제 정치적으로 만들어야 하지 않을까 생각합니다. 어떤 사람이 제게 물었습니다. 단순한 이 사건이 왜 정치적으로 이용되느냐고요. 문제를 정치적으로 이용한다는 그 말에 저는 "맞습니다. 정치적으로 가야 합니다. 여성에게 주어지는 이 공포와 위협이 해결되려면 말이에요"라는 답을 주고 싶습니다.

인도의 간디가 이런 말을 했다고 합니다. "처음에 그들은 당신을 무시할 것이고, 그다음엔 비난할 것이고, 그 다음엔 싸우려 할 것입니다. 그러나 그다음에는 당신이 승리할 것입니다." 지금 우리는 싸우고 있는 것이라고 생각합니다. 이 싸움을 끝으로 피해자들에게 더 이상 족쇄를 채우지 않는 사회

"대부분의 역사에서 '익명'은
여성을 의미한다."

●

버지니아 울프

가 되어야 합니다. 여자라는 이유로 살인이 일어나는 것을 기억하고 이젠 더 많이 드러나야 한다고 생각합니다. ∞ 햇살

여자라서 폭행을 당하고.
여자라서 강간을 당하고.

●

　　저는 민우회에서 첫사람액션단 활동을 하고 있는 미성입니다. 첫사람액션단원이니 더더욱 이렇게 발언대에 설 수 있는 사람이 되어야 한다고 생각해서 이 자리에 나왔습니다. 저는 무엇보다 이 사건을 대하는 주변 사람들의 반응 때문에 화가 났습니다. 우리 사회에서 일어나는 다른 많은 여성들에 대한 사건들이나 강력 범죄들이 여성 혐오와는 아무런 관련이 없다고 하는 반응이 그것입니다. '여자가 단순히 신체적으로 약한 사람이기 때문에 당하게 되는 것이다'라는 논리에 화가 납니다.

　고등학교에 다닐 때 야자를 하고 있는데 모든 학생들을 다 두려움에 떨게 만든 사건이 일어났습니다. 학교 근처에 학생들이 저녁을 먹으러 가는 음식점에서 묻지마 살인사건이 일어났다고 교실 안에서 소문이 막 돌았습니다. 이번 강남역 사건이 있고, 저는 예전 그 사건이 떠올랐습니다. 50대 남성이 30세 여성을 칼로 찔러 죽였는데 그 이유가 "뒷모습이 집 나간 아내랑 닮아서 찔러 죽였다"였습니다. 저녁 6시였습니다. 6월 달 6시쯤이면 굉장히 밝은 거 아시죠? 그리고 길거리였

거리에 선 페미니즘

습니다. 많은 사람들이 이번 사건을 두고 새벽 1시에 여자가 거기서 술을 마시고 뭐했냐는 식의 댓글을 쓴 것으로 압니다. 그걸 보면서 예전 사건이 퍼뜩 떠올랐습니다. 시간이 문제가 아니라는 것입니다. 계속해서 여성에 대한 살해가 이어지고 있는데 여성 혐오 범죄가 아니라 여자들이 약해서 일어난 범죄라고 생각한다는 게 이해되지 않았습니다. 다음은 트위터에서 공감이 갔던 글입니다. "여자라서 폭행을 당하고, 여자라서 강간을 당하고, 여자라서 몰래카메라를 찍히고, 여자라서 죽고, 이게 여성을 혐오하기 때문에 일어난 일이 아니면 대체 뭐 때문에 여자들이 그렇게 죽어가야 하는가."

신체적으로 약하기 때문에 죽을 수도 있다는 것, 오로지 그 이유만을 말하는 것이 너무 화가 나서 말도 안 나오고 무슨 말을 해야 할지 모르겠습니다. 다행인지 아직 운이 좋아서인지 모르겠지만 저는 성추행이나 그런 것을 당해본 적이 없습니다. 물론 차별하는 언행들은 많이 들었지만요. 좀 더 많은 사람들이 여성 혐오 범죄라는 점을 정확하게 알아줬으면 좋겠습니다. 여성이라는 이유 하나 때문에 당하지 않을 수 있었던 폭행을 당하고, 강간을 당하고, 몰래카메라를 찍히고 항상 길거리에 다닐 때 불안에 떨어야 하고, 밤늦게 집에 돌아갈 때 전화하는 척 하면서 걸어가고, 아빠한테 "마중 나와 달라"

는 얘기를 할 수밖에 없습니다. 저는 우리 사회가 여자이기 때문에 겪어야 하는 불합리한 걱정 따위는 하지 않고 살 수 있는 사회가 되면 좋겠습니다. ∞ 미성

'살아남았다'는 해시태그와
'억울하다'는 말에 대하여.

●

　　이 자리에 나오기 앞서 저는 두 가지 생각을 했습니다. 하나는 '살아남았다' 해시태그이고, 또 하나는 '억울하다'는 말입니다.

　　우리는 왜 '살아남았다'는 생각을 하게 되었을까요. 강남역에서 있었던 그분의 죽음은 정말 유일한 것이고 그 삶은 정말 대체될 수 없는 삶이었습니다. 그런데 우리가 도대체 왜 그녀의 죽음에 대해서 이렇게 뼈로 살로 피로 상실감과 공포심을 느끼는지를 생각해봐야 할 것입니다. 기사에서 접했던 그 남성의 살인 이유는 여성에게 무시당했기 때문이었습니다. 그러니까 이번 사건은 모든 여성들이 표적이었다는 것입니다. 우리는 묻지마로 자행되는 다수의 살인사건을 접하고 있습니다. 'wrong time wrong place'라고들 말하지요. 그런데 과연 이 사건을 두고 잘못된 장소와 잘못된 시간을 논할 수 있는 것일까요. 저는 그렇지 않다고 생각합니다. 살인의 위협은 우리 모두에게 겨누어져 있습니다. 그렇게 그저 그 일이 일어난 것이지요. 저는 정말 미안합니다. 이 감정에 대해서 달리 어떻게 말해야 할지도 모르겠습니다. 미안함, 슬픔,

아픔을 넘어서 많은 분들이 공포심을 느끼는데 가끔은 이 사건에 대해서 차마 공포심을 떠올릴 수 없을 만큼 정말 너무나 미안합니다. 살아남았다는 해시태그도 다들 그런 감정을 품고 있지 않나 생각해봅니다.

공포에 대해서 이야기하려고 합니다. 강남역 살인사건이 있는 이후로 공포가 가시화되었습니다. 많은 여성들이 호신기구 쿠보탄, 너클 이런 것들에 관심을 두고 있습니다. 실질적으로 자신의 몸을 지켜야 한다는 필요성을 느끼게 된 것입니다. 우리 사회는 지금 맨몸으로는 안정을 보장하지 못하는 사회가 되었습니다. 너클을 휘두르고 다녀야, 다른 사람들이 '쟤 옆에 가면 안 되겠다'고 생각해야, 그나마도 겨우 안전할 수 있는 사회입니다. 공포가 만연하고 있는 사회인 것입니다. 이런 공포는 갑작스러운 것이 아닙니다. 원래 우리가 많이 느끼고 있었던 것입니다. 가시화됐다는 것뿐이지 원래 여성들은 밤길을 걸어다닐 때 무서워 전화를 해야 했고, 누가 뒤에서 쫓아오면 초인종을 누르는 법을 언제나 배워야 했고, 밤늦게까지 짧은 치마를 입고 돌아다니면 안 된다고 교육받아왔습니다. 이제 이런 것들을 우리 사회에 가시화되기 시작한 것입니다. 사람들이 공포에 대해서 직접적으로 이야기합니다. 무섭다고 얘기를 하기 시작했습니다. 그랬더니 '억울하다'는

거리에 선 페미니즘

"페미니즘을 이해한다는 것은 성차별을 이해한다는 것을 의미한다. …… 페미니스트 정치학은 지배를 종식시킴으로써 우리를 해방시켜 우리가 우리 원래 모습대로 살 수 있게 하는 것을 목표로 한다. 페미니즘은 우리 모두에게 좋은 것이다."

●

벨 훅스

말이 나왔습니다.

　남성들이 말합니다. '억울하다'고요. 왜 대다수 선량한 남성들을 잠재적 가해자로 몰아가느냐는 이야기가 들려옵니다. 저는 이 두 가지 말, '살아남았다'와 '억울하다'가 함께 논의될 대상은 아니라고 생각합니다. 이 둘은 층위가 다르다고 생각하기 때문입니다.

　살아남았다는 것은 그간 느꼈던 모든 공포가 드러난 것입니다. 밤에 택시를 타면서 번호판을 받아 적거나 통화를 하지 않으면 불안하고 밤늦게 걷는 것을 매번 경계해야 하는 것. 저는 모두가 그런 줄 알았습니다. 그런데 남자인 친구의 이야기는 좀 달랐습니다. 그 친구는 자취를 하는데 도어락을 귀찮아서 잘 잠그지 않았습니다. 도어락이 망가졌을 때 한 이틀인가 지나서야 고쳤습니다. 저는 그 이야기를 들으면서 "야, 너 그거 도어락 망가졌는데 괜찮아? 너 그거 위험하지 않겠어?"라고 했는데, 그 친구는 집에 가져갈 게 없어서 괜찮다고 얘기를 했습니다. 그 친구는 신체적 위협을 느껴서 도어락을 신경 쓴 게 아니라 집에 혹시 누가 무언가를 가져가지 않을까 그런 차원의 걱정을 하고 있었습니다. 공포를 느끼는 게 모두에게 당연한 일이 아니었던 것입니다. 어떤 이에게는 그렇게

까지 무서운 세상은 아니었습니다. 그런데 어떤 사람들한테는 정말정말 무서운 세상이 바로 우리 사회인 것입니다.

우리에게는 태어난 땅에서 살아갈 권리가 있습니다.

저는 여자친구들과 이야기를 나누며 놀랍게도 저를 비롯한 그들 대부분이 성폭행을 당한 적이 있다는 것을 알았습니다. 저한테도 상처가 있었고 친구들에게도 상처가 있었습니다. 물리적인 폭력도 있었고 언어적인 폭력도 있었습니다. 모르는 사람에게 당한 경우도 있었지만 사귀는 남성과의 연애 관계에 당한 경우도 있었습니다. 그리고 저는 스물세 살이 되어서야 친구들의 이야기를 알았습니다. 여태까지 그런 이야기를 잘 안 한 것입니다. 데이트 폭력이나 내가 길을 가면서 겪은 어떤 폭력, 더군다나 성적인 폭력에 대해 감히 이야기할 용기를 내지 못한 것입니다. 그동안 우리는 개인적으로만 느끼고 개인적으로만 아팠고 개인적으로만 피할 일이지 한 번도 친구들과 함께 아파하며 발전적인 길을 찾아가야 한다고 생각하지 못했습니다. 불편하고 무서웠기 때문입니다. 그렇지만 한 친구가 용기를 내어 고백하고 또 다른 친구가 마음을 열어 고백하면서, 비단 한 명의 문제가 아니라 모두의 문제이고 그 밖에 더 큰 문제가 있을 수 있다는 것을 깨달아갈 수 있었습니다.

오늘 어느 교수님께서 이런 말씀을 해주셨습니다. 우리는 태어날 땅에서 살아갈 권리가 있다고요. 헬조선이다 뭐다 이런 이야기를 하면서 "빨리 한국을 뜰까요?"라는 말을 했는데 교수님은 뜨는 건 상관없는데 우리는 태어난 땅에서 살아갈 권리가 있다는 말씀을 했습니다. 왜 누군가는 여성이라는 이유로 살아갈 권리를 아예 박탈당하고, 또 누군가는 여성이기 때문에 도무지 태어난 땅에서 살아갈 수 없는 지경에 이르는 것일까요? 더 이상 우리의 이 아픔을 억누르면 안 된다고 생각합니다. 아프면 아프다고 말해야 하고 모두가 다함께 슬픔을 나눌 수 있어야 합니다. 마음껏 표출하고 우리 사회를 바꾸어나가야 할 것입니다. ∞ 희원

집이라는 공간에 대해
생각했습니다.

●

안녕하세요. 직전까지 여기 서게 되지 않기를 바라면서 있다가 무대에 올라오게 되었습니다. 올라오고 싶지 않은 마음이 있었지만 그래도 올라오게 된 이유는, 제가 이 사건이 있고 나서 보게 된 트윗 때문입니다. "나는 집에 있었다. 나는 안전했고 살아남았다"라는 내용이었습니다. 그 트윗을 본 순간 저는 마음이 철렁 내려앉았습니다. 제게 집이라는 공간이 안전하고 마음을 놓을 수 있는 그런 공간이 아니었기 때문입니다.

누구에게나 정말 지키고 싶은 자기만의 공간이 필요하고 꼭 있어야 한다고 생각합니다. 그런데 장기간 결혼 관계에 있었던 제게 가정이라는 공간은 마치 24시간 대기해야만 하는 일터와 같았습니다. 누군가가 언제 어느 때나 맘만 먹으면 쉽게 나를 모욕하고 내 몸을 침해하고 개입을 행할 수 있는 장소였습니다. 누군가한테는 아주 발 뻗고 편하게 쉴 수 있는 공간일 가정이 말입니다. 가정은 그저 사적인 공간이 아닙니다. 사람이 있고 관계가 있는 또 하나의 사회입니다. 그런데도 우리는 가정이 폐쇄된 공간이라고 가정하고 그 공간 안에서 어떤 일이 벌어지는지 외면하려고 합니다.

　마침내 지금은 정말 작은 공간이지만 그저 제가 먹고 싶을 때 먹고, 제가 자고 싶을 때 자고, 제 마음이 내키는 대로 몸을 뉘일 수 있고, 자유롭게 움직일 수 있는 '나만을 위한' 공간에서 생활하고 있습니다. 그렇게 편안하고 행복할 수가 없습니다. 이제는 공공장소에서도 다른 남성들이 위협이 되거나 무섭지가 않습니다. 그렇게 저는 평온을 찾아가고 있습니다. 저는 누구라도 자신의 몸과 마음을 그저 편안하게 내려놓고 쉴 수 있는 공간이 필요함을, 그러한 공간을 가질 권리가 있음을 뼈저리게 느낍니다. 하지만 여전히 우리 주변에는 그러한 권리를 누리고 싶어도 그러지 못하는 여성들이 많이 있습니다. 저는 사회가 그녀들의 조용한 한 마디 한 마디에 관심을 기울일 수 있기를 바랍니다. ∞ 용가리

저는 끊임없이 떠들 것입니다.
저를 침묵시킬 순 없습니다.

●

　　저는 남자친구와 데이트하는 것을 좋아합니다. 맛있는 맥주 한잔을 마시는 것이 좋습니다. 친구들과 노래방에 가서 이선희 노래 부르는 것을 좋아합니다. 저는 미술작가를 꿈꾸고 있습니다. 저는 뮤지컬 연출가를 꿈꿉니다. 저는 좀 더 나은 세상에서 더 멋진 사람이 되기를 꿈꿉니다. 저는 세상이 더 나아질 거라고 꿈꿉니다. 저는 그런 보통 여자입니다. 수요일 새벽 1시에 한 여자가 죽었습니다. 강남역 근처 노래방에서 30대 남성이 일면식도 없는 여성을 살해했습니다. 그냥 여자라는 이유였습니다. 그러자 언론들이 그 말을 헤드라인으로 가져다 씁니다. "여자들이 나를 무시했다." 그리고 묻지도 않았는데 말합니다. 가해자의 꿈이 목회자였다고. 피해자의 꿈은 뭐였나요? 그녀는 어떤 사람이었나요? 어떤 사회를 꿈꿨나요? 그녀는 왜 죽어야 했나요?

　　이 사건이 여성 혐오가 아니라고 말하는 여러분께 고합니다. 우리는 모두 여성 혐오에 물들어 있습니다. 여배우는 연극의 꽃, 여자가 있으면 환해지는 강의실, 취직하는 사무실의 꽃. 김치녀라는 말이 농담으로 통용되는 사회. 이 사회는 여

"여성으로서 내 잘못이 아닌 일
에 미안함을 느끼지 않아도 된다
는 것을 깨닫는 데 정말 오랜 시
간이 걸렸다."

●

에이미 폴러

성을 혐오하지 않는 사회입니까? 물론 저도 알고 있습니다. 이 모든 건 농담이지요. 혹은 전통이고, 혹은 사실이겠지요. 남동생이 제게 더치페이를 하지 않는다고 "누나도 김치네"라고 말하는 것은 농담이고, 누군가가 "넌 얼마냐"라고 묻는 것도, 이대 나온 여성들에게 "시발년들 보지에 자물쇠 달았냐"라며 낄낄거리는 것도 장난기가 많은 남자라서 그런 것이지요. 어린 남자아이들이 여자아이를 괴롭히는 건 좋아해서 그런 것이고, 늦게 다니지 말라고 몸 간수를 잘해야 한다고 말하는 건 여자가 조심할 수밖에 없기 때문인 것이지요. 남자들이 성욕을 잘 참지 못하니까, 여자들은 처녀성을 잃으면 안되니까요. 이래도 우리 사회가 정말 이 죽음과 아무런 책임이 없습니까?

생각보다 말의 위력은 대단합니다. 어느 순간 어느 누군가는 그 말을 진실이라고 믿어버립니다. 여성은 남성에 비해 열등하고 그렇기 때문에 순종해야 한다는 가부장적 논리가 오늘날 남성이 여성을 살해하는 데까지 이릅니다. 여성은 열등한 꽃이니까 인형은 말하고 설치고 꿈꾸는 존재가 아니니까요. 침묵해야 하고 원할 때는 언제나 웃어줘야 하는 존재이니까요. 그런 꽃들이 웃어주지 않고 떠들고 말하고 생각하기 시작할 때 이 사회가 그 여자를 침묵하게 합니다. 여성을 침묵하게 하는 것의 가장 마지막 수단은 살해입니다. 목소리를 빼앗고 그 여자가 영영 꿈꾸지 못하게 만드는 것입니다.

이것은 실존적 공포이고
현실입니다.

많은 여자들이 늦은 밤 귀가 길을 두려워합니다. 취할 때까지 술을 마시는 것을 경계합니다. 새벽에 편의점을 가는 것을 두려워합니다. 늦은 밤 자신의 뒤를 따라오는 발소리에 겁을 먹습니다. 저도 그렇습니다. 일상의 공포가 여자들에게는 너무도 익숙합니다. 그렇기 때문에 많은 여성들이 이 사건을 보며 그게 나였을 수 있다고 생각하는 것입니다. 이것은 피해망상이 아닙니다. 이것은 실존적 공포이고 현실입니다. 누군가 한국 사회의 치안이 세계 1위라고 너희들이 충분히 조심하지 않아서라고 말합니다. 그 말이 있기까지 얼마나 많은 여성들이 조심해야 했고 일상을 포기해야 했습니까. 얼마나 많은 여성들이 밤거리를 포기했고 새벽 풍경을 포기했고 밤 산책을 포기했나요. 얼마나 더 조심해야 합니까. 조심하면 성희롱당하지 않나요? 조심하면 꽃으로 취급받지 않나요? 조심하면 지하철에서 화장실에서 버스에서 성추행을 당하지 않을 수 있습니까? 조심하면 강간당하지 않습니까? 조심하면 죽지 않을 수 있습니까? 오늘 지인에게 농담처럼 말했습니다. "나 이러다 염산 맞는 거 아니냐"고요. 그러자 그녀는 "차마 그런 일이 없다고 말해 줄 수 없겠다"고 하더군요. 얼마 안 되는 발언을 하기 위해 나오는 자리에서도 신상 털릴, 협박받을, 염산 맞을 각오를 합니다.

미래를 꿈꾸는 저는 운 좋게 살아남아 여기에 있습니다. 저는 택시기사가 살인범이 아니어서 살아남았고, 늦은 밤에 뒤를 따라오는 남자가 저를 해치지 않았기 때문에 살아남았습니다. 제 가슴을 뻔히 쳐다보는 아저씨에게 시비를 걸지 않아서 살아남았습니다. 제게 얼마냐고 묻는 남자들에게 대들지 않아서 살아남았습니다. 오늘도 저는 살아남았습니다. 그리고 계속 살아남은 삶을 살 것입니다. 오늘 밤에도 몸 간수를 하기 위해서 일찍 집에 가는 삶을 살면서요. 그렇지만 저는 끊임없이 떠들 것입니다. 저를 침묵시킬 순 없습니다. 저는 끊임없이 꿈꾸고 말할 것입니다. 우리 한 사람 한 사람이 그렇게 되길 바랍니다. ∞ 요니

당연한 게 당연하지 않은
사회가 되었습니다.

●

　여기 서니까 굉장히 떨립니다. 보시는 대로 저는 굉장히 평범한 이 나라의 20대 여성입니다. 많은 여성분들이 당해보셨던 경험이 저에게도 여러 번 있었습니다. 가장 기억에 남는 일은 제가 초등학교 때 먼 친척 분에게 성추행을 당했던 것입니다. 그리고 중학교 때 도서관에서 공부를 하고 집에 가다가 어떤 아저씨가 "너 나랑 사귀지 않을래?"라는 이야기를 들었던 것, 버스에 앉아 있는데 한 남성분이 굉장히 가깝게 다가오기에 기분 나쁜 티를 냈더니, 멀쩡한 사람을 그렇게 몰고 가냐고 버스 안에서 맞을 뻔했던 일도 생각이 납니다.

　작년 딱 이맘때쯤이었습니다. 저녁 6시 정도니까 굉장히 밝았는데 저희 동네는 굉장히 번화가라 사람들도 많았습니다. 아무 생각 없이 집에 들어가고 있는데 어떤 남자분이 따라오는 것을 느꼈습니다. 그냥 별 생각 없이 아파트 현관에 들어갔는데 더 이상 그 남자가 따라오지 않은 듯했습니다. 그런데 알고 보니 시간차를 두고 쫓아오고 있었습니다. 평소에는 계단으로 바로 올라가는데 느낌이 이상해서 엘리베이터를 타고 다른 층에서 내려 재빨리 집으로 들어가 문을 잠갔습

거리에 선 페미니즘

니다. 그 남자는 어떻게 저희 집을 알았는지 잠긴 문을 두드리면서 "문 열어라, 시발년아" 하고 말했습니다. 이런 기억을 갖고 강남역 살인사건 소식을 접하니 그런 생각이 들었습니다. 정말 나는 살아남아 있는 것이구나. 내가 그냥 당연하게 태어났으니까 살아 있는 게 아니라 살아남아 있는 것이구나 하는 생각 말입니다.

저는 미디어 쪽 일을 하고 있습니다. 이 사건에 대해서 보도하면서 그런 이야기를 들었습니다. '여혐'이라는 단어가 뭐냐고 자기는 처음 들어본다고. 같은 팀에 있는 좀 나이 드신 남성분의 얘기였습니다. 그 얘기를 듣는 순간 탁 하고 뒤통수를 맞는 느낌이었습니다. 저한테는 굉장히 자연스럽고 익숙한 그 단어가 그 남자에게는 생소하고 아무것도 아닌 것 같은 느낌이 들어서였습니다. 저는 '내가 왜 그런 일들을 당해야 하지?' 하고 되묻고는 합니다. 끊임없이 자기 검열을 해오며 내가 조심해야 했는데, 그 시간에 좀 더 뒤를 돌아봤다면, 조금 더 내가 신경을 썼다면, 버스에서 남자분이 지나치게 밀착했을 때도 내가 너무 싫은 티를 내서 맞을 뻔한 게 아닌가? 하고 생각하기도 했습니다. 하지만 자연스레 '내가 내 집에 가는데, 사람들이 그렇게 많은데, 난 왜 내 뒤에 누가 쫓아오는지를 신경 써야 하지?' 하는 생각이 들었습니다. 당연한 게 당연하지 않은 사회가 된 것 같습니다. '누군가 나를 죽이지 않을까?' '내가 누군가에게 원한을 산 것도 아닌데 내가 여자라는 이유만으로 살해당하지 않을까?' 그런 근본적인 걱정을 하게 되면서 우리 사회의 부조리를 바라보게 되었습니다.

오늘 좀 늦는다고 엄마한테 문자를 남겼습니다. 그랬더니 "늦지 말고 조심해"라고 하시더라고요. 제가 조심을 한다고 해서 제 목숨이 지켜지는 게 아닌 사회에서 살고 있는데 말입니다. 저는 조심을 하지 않고도 마음 편하게 살 수 있는 세상이 되었으면 합니다. ∞ 퐁당

"나는 훌륭한 사람이 되기를 원
치 않으며 자유로운 인간이 되기
를 원한다."

●

김명순

이건 피해 고백이 아니라
가해 고백입니다.

●

　　저는 대학생입니다. 제 앞에서 많은 분들이 특히 피해자로서의 경험을 많이 말씀해주셨습니다. 엄청난 용기를 내주셨고 힘드셨을 텐데도 말입니다. 고민해보니, 저는 그런 피해 경험을 말할 수 없다는 사실을 깨달았습니다. 왜냐하면 저는 남자이고 이성애자이기 때문입니다. 무슨 말을 할 수 있을까 생각하다가 오늘 일을 떠올렸습니다. 과장해서 말하자면 이것은 피해 고백이 아니라 일종의 가해 고백입니다. 별거 아니라고 생각했던 일이 사실은 폭력이라는 것을 깨닫게 되었습니다.

　　두 달쯤 전에 저는 여자친구와 헤어졌습니다. 그런데 문득 그 친구가 보고 싶어서 여러분이 대충 상상하시는 그런 일을 하게 되었습니다. 수업 끝날 시간도 같아서 그 친구가 수업을 듣는 건물 밖을 괜히 서성거리다 나름 배려랍시고 잘 안 보이는 곳에 있었습니다. 상대방 입장에서 보면 저는 숨어 있었던 것입니다. 지금 생각해보면 운 좋게도 그 친구를 보지는 못했습니다. 문득 '얘가 나와서 내 얼굴을 보면 무슨 생각을 할까'라는 생각이 들었습니다. "여자가 만나주지 않아"라는 키워드로 인터넷뉴스를 검색하면 엄청난 기사가 쏟아집니다. 그런 것들을 계속해서 보고 듣고 자라왔던 전 여자친구가 헤어진 남자친구가 몰래 숨어 있는 모습을 본다면 아마도 공포심을 느낄 것입니다. 많은 남자들이 소위 잠정적 가해자라는 단어에 엄청난 불쾌감을 느끼고, 마치 앞으로 누군가를 강간하고 감금하고 죽이는 것처럼 '왜 나에게 그런 취급을 하느냐'고 생각할 수 있을 텐데요. 저는 어느 순간 저도 모르게 스스로 잠정적 가해자가 되어 행동하고 있었습니다. 그때 깨달았습니다. '그 잠정적 가해자라는 게 별거 아니구나. 가해자라고 해서 거대한 그 무엇이라고 생각할 게 아니구나. 별거 아닌 듯 보여도 상대에게는 공포로 다가갈 수 있구나.' 저는 저를 포함해서 남성들이 바로 그러한 사실을 깨달아야 한다고 생각합니다.

70년도 더 전에 유럽에서 많은 유대인이 죽었습니다. 독일인들은 '나치가 잘못했어, 나치가 나쁜 놈들이야' 하는 생각에서 끝내지 않았습니다. 침묵했던 자기 자신들에 대한 반성을 지금도 하고 있습니다. 식민지 경험을 겪었던 우리나라 사람들은 일본을 붙잡고 그런 이야기를 합니다. "봐라. 독일은 이렇게 반성하는데 왜 너희들은 반성하지 않느냐, 왜 침묵하느냐" 하고요. 여성 혐오의 문제에서도 같은 맥락에서 생각해볼 수 있습니다. 우리 남성들은 왜 반성을 하지 못하는 것일까요. 내가 비록 누군가를 죽이고 강간한 것은 아니지만, 이 문제를 지금까지 방조해왔고 사회의 일원으로서 아무런 피해 없이 권력을 누려왔고 살아왔다는 사실 자체를 왜 인정하지 못하는 것일까요.

남성으로 태어났다는 것이 왜 권력이 되는 것이냐고 반문하는 분들이 있을 것입니다. 그런 분들에게 묻고 싶습니다. 다시 태어난다면 남자와 여자 어느 쪽으로 태어나고 싶은지요. 대부분의 한국 남성이 다시 태어나도 남자로 태어나길 원합니다. 우리는 한국에서 여자로 태어났을 때 힘들고 불편한 면면을 본능적으로 알고 있습니다. 그런데도 남성으로 태어났다는 것을 권력이 아니라고 말한다면 그건 모순이라고 생각합니다. 알고 있지만 다만 인정하지 않고 있을 뿐인 것입니다.

저는 고백합니다. 남성으로서 부당한 권력을 누려왔습니다. 그 사실을 어느 순간 깨달았음에도 이 자리에 서는 용기를 내기 직전까지 침묵하려 했고, 방조하려 했습니다. 저를 비롯한 많은 남성분들이 이런 면면을 함께 깨우쳐가길 바라봅니다. ∞ 윤형준

"이불 밖은 위험해"라는 말,
이제 그만 듣고 싶습니다.

●

　　택시를 탈 때마다 저는 이렇게 빕니다. "이 사람이 범죄자가 아니었으면 좋겠다." 그러면 이런 말을 듣습니다. "택시가 그렇게 무서우면 택시를 타지 마라." 그런데 저는 그러고 싶지 않습니다. 택시를 탈 때 안심할 수 있는 세상에서 살고 싶습니다.

　　저는 배달음식을 진짜 좋아합니다. 그런데 배달음식을 시킬 때마다 무섭습니다. 그 사람이 나쁜 마음만 먹으면 나를 제압하고 해를 가할 수 있기 때문입니다. 제가 아무리 조심해도 벗어날 수가 없는 상황인 것입니다.

　　그래서 저는 "이불 밖은 위험해"라는 말을 무지 싫어합니다. 소라넷이 한창 쟁점이 되었을 때 동아리 오빠에게 〈그것이 알고 싶다〉를 봤냐고 물었고, "그거 봤다, 너무 끔찍하더라, 그래서 보다가 15분 만에 껐어"라는 대답을 들었습니다. 그래서 "근데 오빠는 그거 끄면 그만이잖아"라고 했습니다. 그 오빠는 잠깐 멍하니 있다가 "그러네" 하고 말했습니다. 우리 여성들은 그러한 프로그램의 내용이 끔찍하고 고개를 돌리고 싶어도 그럴 수가 없습니다. 제대로 알아야 피할 수 있기 때문입니다. 피할 수 있는지도 사실 모르겠습니다.

저는 제 행동과 말과 가는 곳을
제약당하지 않을 것입니다.

제가 SNS에 강남역 살인사건 이야기를 올렸을 때 많은 사람이 댓글로 여자친구를 태그하면서 "조심해"라고 쓰고 여자들은 자신의 친구들을 태그하면서 "우리 강남 가지 말자"라는 말을 했습니다. 강남은 왜 못 가야 하나요. 저 강남에 살아요. 강남을 가지 말라니요. 저는 강남역 계속 갈 거예요. 밤늦게도 돌아다닐 거고 택시도 탈 것입니다. 물론 제 행동이나 제가 가는 장소가 문제가 아니란 것을 알고 있습니다. 범죄자들은 유별난 미친놈이나 외계인이 아니니까요. 그들은 무시해도 될 미친놈 취급을 일삼으며 문제를 방관해온 우리 사회가 길러온 사람들입니다. 언제든 어디든 있을 수 있습니다. 우리가 아무리 조심해도 범죄는 피할 수 없습니다. 우리가 사회적으로 계속 조심하라는 메시지를 던지는 순간 '피해자가 충분히 조심하지 않아서 그런 일을 당한 사람이 됐다'는 인식이 생길 수 있다고 생각합니다. 잠깐 들른 화장실에서 행여 범죄가 일어나진 않을까 경계해야 할 의무가 우리에게는 없습니다. 설령 어두운 골목이었어도 피해자에게 잘못이 있는 것은 아닙니다. 저는 제 행동과 말과 가는 곳을 제약당하지 않을 것입니다. 저는 여자이고, 사람입니다. ∞ 저니

"페미니즘을 증오하는 이유는 여성을 증오하기 때문이다. 반페미니즘은 여성 혐오를 직접 표출하는 것이며 여성에 대한 증오를 정치적으로 옹호하는 것이다."

●

앤드리아 드워킨

부단히 해야 했던 변명들이
제 잘못이 아니었음을 알았습니다.

●

　　안녕하세요, 저는 지나가던 사람이었습니다. 여기 와서 이야기를 들으니까 너무 재미있고 행복하고 아주 웅장한 느낌을 받았습니다. 잠시 멈춰 이야기를 듣다 보니, 저도 제 경험을 공유하고 싶어졌습니다. 보시다시피 제 머리는 짧고 남자 옷을 입고 있습니다. 사회가 말하는 여성이라는 집단에 들지 않아서 제가 겪었던 일들을 이야기하고자 합니다.

　　초등학교 때 저는 쉬는 시간에 축구하는 것을 좋아했습니다. 뛰어다니는 걸 좋아했을 때 주변에 남자 형제밖에 없어서 그렇다고 변명해야 했습니다. 중학교 때는 치마 교복이 싫어 바지 교복을 입고 다녔습니다. 그때 전 의아해하는 선생님과 친구들에게 다리에 흉터가 있어서 그렇다고 변명해야 했습니다. 머리를 잘랐을 때 머리가 너무 상해서 돈이 들어서 잘랐다고 변명해야 했습니다. 누군가 왜 남자 같은 옷을 입고 불편한 워커를 신냐고 물어봤을 때 살이 쪄서 맞는 옷이 없어서 남자 옷을 입는다고 계속 변명해야 했습니다. 담배를 피울 때 항상 흡연구역에서 아는 사람이 없는지를 확인하면서도 누군가 올까봐 무서워하며 불안한 마음으로 연기를 들이켰습니다. 대중목욕탕에서는 굳이 여자라고 말해야 하고, 여자 화장실에서 사람들이 흘끗흘끗 쳐다보는 것에 매우 익숙합니다. 심지어 택시를 탔을 때 무서우니까 일부러 남자처럼 보이려고 하기도 합니다.

그런데 이 공간에서 사람들과 함께 여성이었기 때문에 당했던 수많은 폭력들을 함께 공유하고 소통하다 보니, 그동안 누군가가 만든 여성이라는 집단에 나를 끼워 맞추기 위해 부단히 해야 했던 변명들이 제 잘못이 아니었음을 알았습니다. 적어도 이곳에서는 제가 어떤 변명을 하지 않아도 여성으로 온전히 존재할 수 있는 것 같아서 너무 행복하고 기쁜 마음입니다.

여성임을 부정하지 않고 또 변명하지 않고도 온전히 자신으로 존재하면서 안전하게 생존할 수 있는 그런 세상이 되었으면 좋겠습니다. 더 이상 혐오에 대한 침묵으로 사람이 죽어 나가지 않는 세상이 되었으면 좋겠습니다. ∽ 초이

과연 언제쯤 이 액땜을
끝낼 수 있을까요?

●

　　안녕하세요. 대부분의 여성분들이 그랬듯 저도 추행과 성희롱을 겪어왔습니다. 고등학교 2학년 때 저는 감기에 걸려 아파서 간 동네병원에서 의사에게 추행을 당했습니다. 교복 치마 속으로 손을 넣고 청진기를 움직이는 척하면서 제 몸을 만졌습니다. 대학 신입생 때 술자리에서 선배에게 성희롱을 당하고, 스터디를 가든 어디를 가든 장소만 바뀌었지 적잖은 추행을 당했습니다. 남자들은 자연스럽게 제 몸에 손을 대었고 그럴 때마다 제가 화를 내면 그런 건지 몰랐다고 변명을 하고 '왜 너는 그렇게 예민하게 구냐', '그 정도는 그냥 넘어가라' 등의 반응을 보였습니다.

　어느 술집에서 있었던 일입니다. 어떤 남자가 저를 확 끌고 자기 테이블로 데려가려 했습니다. 저는 놔달라고 했고 그가 놓아주지 않아 저항했습니다. 그 남자는 제게 쌍욕을 하며 "이년이 뒤질라고?"라고 말했습니다. 키도 크고 덩치도 커서 더 무서웠습니다. 한 성질 하는 저였지만 너무 무서우니까 본능적으로 움츠러들었습니다. 가까스로 그 상황을 벗어나긴 했지만 그때 저는 '아, 이 나라에서 여자는 개똥만도 못한 취급을 받는구나' 싶었습니다.

　이런 식의 추행을 당할 때마다 친한 친구들에게 말하면
"미친놈이네. 액땜했다 생각해" 하는 반응이 돌아옵니다. 처
음엔 진짜 재수가 없었네 했는데, 액땜할 일들이 계속 일어났
습니다. 액땜을 몇 번이나 했는지 모르겠습니다. 과연 언제쯤
이 액땜을 끝낼 수 있을까요. 너무 짜증이 나서 악몽도 꾸고
화가 부글부글 끓어오릅니다. '내가 저 새끼를 고소했어야 했
는데' 하는 후회도 밀려왔습니다. 그러던 어느 날 한 친구가
제게 초등학교 때 길을 가다가 모르는 남자의 차에 끌려가서
성폭행을 당한 이야기를 들려주었습니다. 친구는 그 남자의
얼굴도 모르고 신상도 모른 채 그렇게 시간이 흘렀다고 하면
서 "나는 할 수 없지만 그래도 너는 특정할 수 있는 누군가가
있지 않느냐"라는 말을 했습니다. 저는 무언가 행동해야 한다
는 생각이 들었습니다. 그래서 시효를 확인해보고 최근에 저
를 추행했던 한 의사를 고소했습니다. 털어보니까 그는 상습
범이었습니다. 고소를 준비하며 저는 저와 같은 피해자 6명
과 만날 수 있었습니다. 그때 이후로 저는 추행을 당하는 즉
시 신고를 합니다.

　이 땅의 여성들은 여자라는 이유만으로 추행을 당하고 있

습니다. 이러한 사회 구조를 바꾸지 않으면 비극적인 사건은 끊이지 않을 것입니다. 이는 나의 일이자 내 친구 일이고 우리 언니 일이고 엄마의 일이고, 남성들의 일이기도 합니다.

피해자는 괴롭고 미치고 초조함에 시달리고 힘들어하고 있습니다.

저는 사범대 출신입니다. 그러다 보니 지겹게 듣는 말이 있습니다. 바로 "너 나중에 시집 잘 가겠다"입니다. 10명 중 9명은 꼭 말합니다. 학생들을 가르치는 게 좋고 교사가 되고 싶어서 선택한 진로였는데, 그런 소리를 계속 듣자니 병에 걸릴 것만 같습니다. 하지만 여자가 아닌 남자라면 그런 얘기를 잘 듣지 못했을 것입니다. "너 장가 잘 가겠다" 그런 말 말입니다.

최근까지 인천의 모학교에서 시간강사로 잠깐 일을 했습니다. 수업시간에 남자애들이 좀 이상해서 봤더니, 제 몰카를 찍고 있었습니다. 또 어떤 아이는 제 허벅지에 손을 대기도 했습니다. 그거에 대해 지적하자 '질문을 하려고 했는데 손이 안 닿아서 그렇게 했다'는 식의 변명을 늘어놓았습니다. 학교 측에서도 '애들이 뭘 아냐'는 식으로 그 일을 가볍게 덮어버렸습니다. '어리니까, 늙었으니까, 가난해서, 소득이 낮아서 가해했다' 저는 왜 이런 수식이 붙는지 이해할 수가 없습니다. 그냥 잘못한 것인데 말입니다. 피해자는 괴롭고 미치고 초조함에 시달리고 힘들어하고 있는데 왜 그들에게는 이상한 합리화의 수식어가 붙은 것입니까.

저희 언니는 인천에 있는 모 여중 선생님입니다. 한번은 외부에서 호신술 강사가 와서 특강을 했다고 합니다. 그런데 강사가 호신술을 가르쳐주면서 하는 말이 "호신술이 좋긴 한데 너희가 애초에 호신술을 쓸 상황을 만들지 말라"였다고 합니다. 이 말을 들은 언니는 너무 화가 나서 항의를 했다고 합니다. 그러자 호신술을 가르치던 그 남자가 언니한테 "혹시 예전에 성추행이라도 당하셨냐, 왜 그렇게 예민하게 구냐"라는 얘기를 했다고 합니다. 아직도 교육 현장은 갈 길이 멉니다. 어디서부터 손을 대야 할지 모를 정도로요. 하지만 많은 분들이 이번 사건을 계기로 정말 끝까지 같이 싸울 수 있으면 좋겠습니다.

제가 이 자리에 서기까지 용기를 준 친구가 있습니다. 그 친구는 부모님이 호프집을 하셨는데 일손이 부족할 때 가끔씩 호프집 일을 도왔다고 합니다. 그때마다 손님들에게 성추행을 그렇게 많이 당했다고 합니다. 성폭행을 당할 뻔한 적

"사람들은 젠더 폭력이 여성의 이슈이고, 일부 좋은 남성들이 도와주는 것이라고 생각들을 합니다. 하지만 전 그렇게 생각하지 않습니다. 남자인 저는 젠더 폭력이 무엇보다도 남성들의 이슈라고 주장합니다."

●

잭슨 카츠

도 있고, 노래방 도우미인 줄 알고 끌려간 적도 있습니다. 제가 이런 생각을 갖게 된 것은 어찌 보면 다 그 친구 덕분입니다. 안타깝게도 그 친구는 아직은 트라우마가 있어 이 자리에 나오지 못했습니다. 이 친구뿐만이 아닙니다. 남자친구에게 당한 데이트 폭력을 힘들게 아빠한테 털어놓았더니 "넌 더럽혀졌다"는 소리만 들어야 했던 친구도 있습니다. 이 땅에 심한 일을 당한 모든 여자들에게 다시는 이런 일 없었으면 좋겠다고 말하고 싶습니다. 그냥 다 같이 미워하지 말고 행복하게 살자는 것인데 이게 뭐 그렇게 어려운 것인지 모르겠습니다. 그냥 인간이면 누구나 할 수 있는 것인데, 우리네 현실이 정말 답답합니다. 모쪼록 파이팅하기를 바랍니다. 우리 끝까지 살아요. ∞ 단

벗고 있든 아니든, 우리가 뭘 하고 있든
만져서도 안 되고 우리를 죽이면 안 돼요.

●

　　　저는 성추행을 당한 경험이 많지 않습니다. 흔히들 "짧은 치마 입지 마라, 늦게 돌아다니지 마라, 화장 진하게 하지 마라 그게 다 너 때문이다"라고 말합니다. 하지만 저는 이상하게 화장을 전혀 하지 않고 학생 같은 옷차림, 캐주얼 복장을 하고 밖에 나갈 때마다 그렇게 이상한 사람들이 들러붙습니다. 치파오나 드레스에 진한 화장을 하고 나가면 오히려 잘 안 건드립니다. 우습지 않나요? 차라리 옷에 방어력 수치가 정해져 있으면 다들 거의 헐벗고 다닐지도 모르겠습니다. "옷이 하나의 방어력이다." 이 방어라는 것은 물론 비꼬는 말이지만요.

　저는 집에서 브라를 안 하고 지냅니다. 그런데 오늘 아침에 택배가 왔습니다. 초인종이 울려 현관문 앞에 서서 살짝 문을 열었습니다. 그걸 보고 밖에 있던 택배 아저씨가 불쑥 안으로 들어왔습니다. 순간 확 무섭다는 생각이 먼저 들었습니다. 그러고 나서 얇은 카디건을 걸치고 동네 슈퍼에서 우유나 사자 싶어 밖으로 나갔습니다. 한 100미터나 걸었을까요? 문득 그런 생각이 들었습니다. '내 복장이 지금 적합한가? 내가 이렇게 나와도 되나?' 그러면서 갑자기 덜컥 겁이 났습니다. 벗고 있든 아니든, 우리가 뭘 하고 있든 간에 만져서도 안 되고 그냥 우리를 죽이면 안 됩니다. 사람을 죽이면 안 돼요. 그런데 저는 제가 브라 안 입고 밖에 나왔다는 사실 하나만으로 '누가 와서 세게 치는 거 아냐?' 이런 생각까지 하게 되었습니다.

제가 아무 남자나 살해할 동기가
너무너무 많지 않나요? 근데 안 그러잖아요.

저는 여기에 고등학생 동생과 같이 왔습니다. 아까 둘 다 갑자기 화장실이 가고 싶었는데요. 그런데 서로 불안해서 화장실을 혼자 못 가겠다고 동시에 말했습니다. SNS를 하면서 팔로우가 늘 때, 그리고 처음 보는 남성분이 말을 걸 때 조금 무서울 때가 있습니다. 물론 그런 일이 안 일어나면 제일 좋은데 몇 번 불미스러운 일이 있었기 때문에 더 그런 것 같습니다.

사실 전 어찌 보면 위험한 사람입니다. 남성분들 저 무서워하셔야 합니다. 뉴스에서 그 가해자도 정신병 치료를 받았다고 그러잖아요. 저도 정신과 치료 받았습니다. 그리고 남자 때문에 인생이 한두 번 정도 꼬였습니다. 이 정도면 저도 아무 남자나 살해할 동기가 너무너무 많지 않나요? 근데 안 그러잖아요.

처음에 강남역 10번 출구 살인사건이 왜 그렇게 사람들 사이에서 논란이 되는지 잘 이해를 못했습니다. 분명히 슬픈 일이죠, 슬픈 일인데, '사실 흔한 일이기도 한데······' 이렇게 생각을 했었기 때문입니다. 너무 익숙하기도 한 일이었습니다. 저는 앞으로 여자들도 '헉 정말? 그런 일이 일어날 줄은 몰랐는데?' 이렇게 놀랄 수 있는 아니 이런 말 자체를 할 필요가 없는 세상이 오면 좋겠습니다. ∞ 서아연

학교 다닐 때 규정이 많았어요.
그중 하나가 발목양말 금지였습니다.

●

저는 중학교에서 세일러복이라고 하는 교복을 입고 다녔습니다. 그때 규정이 많았는데 그중 하나가 발목양말 금지였습니다. 그 이유가 뭔 줄 아시나요? 여성들의 발목을 보고 흥분하는 사람들이 있기 때문에 발목을 가리라고 한 것입니다.

저는 지금 신촌 아주 큰 유흥가 가운데 있습니다. 여기 바로 뒤편에 모텔촌이 있습니다. 보시다시피 저는 짧은 치마를 입고 이렇게 와 있습니다. 그렇다면 제가 여기서 강간당할 책임이 있는 것일까요?

강남역 살인사건 기사가 처음 보도되었을 때 그게 사실이 아니기를 바랐습니다. 제가 무엇보다 희생자분에게 공감할 수 있는 까닭은 사람이기 전에 여자이기 때문입니다. 학교에서 저는 여성학을 공부하고 있는데요. 이번 사건을 비롯하여 많은 여성 폭력의 경험들을 직간접적으로 접하여 많이 힘이 듭니다. 거의 매일 잠을 이루지 못하고 '내가 왜 여자로 태어났을까?', '내가 남자로 태어났으면 조금 달라졌을까?' 아니면 '내가 이성애자가 아니라 동성애자였으면 또 어떤 일이 일어났을까' 등등의 많은 고민을 하게 됩니다. 아마도 저를 비롯한 많은 여성분들이 이런 생각을 하실 텐데요. 무엇보다 저는 더 많은 분들이 '내가 그 사건의 희생자가 될 수도 있었다'고 생각해볼 수 있기를 바랍니다. 그것을 아는 것이 우리가 사회를 바꿔나갈 수 있는 첫 걸음이라고 생각합니다.

저는 학교에서 무시무시한 언어를 많이 듣습니다. 예를 들면 "이대생은 연대학생들이 좆집으로 쓰고 남은 걸 서강대 애들이 먹는다며?"라는 이야기입니다. 저는 누구의 좆집으로 쓰이고 싶지도 않습니다. 하나의 인간으로서 대접받고 싶습니다. 여학교에 다닌다는 간단한 이유만으로 폄하당하고 싶지도 않고 차별받고 싶지 않습니다. 혐오의 대상이 되고 싶지 않습니다. 사람이라면 누구나 마찬가지일 것이라고 생각합니다.

전 여성 혐오를 혐오합니다. 제가 원하는 것은 단순합니다. 남자와 여자 모두가 잘 사는 세상. 이 자리에 선 많은 분들이 계속 강조했듯 여성 혐오가 사라진 세상에서 살고 싶습니다.

∞ JAY

"만약에 여성이 자신의 삶에 대
해 진실을 털어놓는다면, 세상은
어떻게 될까? 아마 세상은 터져
버릴 것이다."

●

뮤리엘 루카이저

남자애들은 원래 덜렁거리니까
여자애들이 이해해줘야 한다니요!

●

　　보고 있을 때는 몰랐는데 이 자리에 서니까 많이 긴장이 됩니다. 제 복장을 보면 아시겠지만 저는 고등학생입니다. 제가 학교에 다니면서 받게 되는 여성 혐오나 차별들에 관해서 얘기해보고 싶어서 나오게 되었습니다. 제가 생각하기에 여성 혐오가 사회적 이슈로 떠오르고 있다는 생각이 들지만 학생들의 경우에는 사회에 이런 혐오들이 만연해 있다는 자체를 아예 인식하지 못하는 친구들이 정말 많습니다.

　특히 저는 여자친구들이 은연중에 '사회적 문제에 관심을 가질 필요가 없다', '너희는 조용히 남자애들이 말하는 거나 윗사람들이 말하는 거에 대해서 고분이 받아들여라', '다른 사람의 말을 들어라' 하는 식의 교육을 많이 받고 있다고 느낍니다. 예를 들어 학교 수업 시간에 "남자애들은 원래 저렇고, 원래 덜렁거리고, 원래 잘 못 챙기니까, 여자애들이 다 이해해주고 챙겨줘야 한다"는 어느 선생님의 말도 떠오릅니다. 실제로 제 주변의 여자친구들과 이야기를 해보면 그런 말을 으레 당연하게 여기기도 합니다. 하지만 생각해보면 결코 당연한 일이 아닙니다.

그리고 요즘 많이 답답함을 느끼는 것이 있습니다. 바로 생리입니다. 친구들이 생리를 한다고 자연스럽게 말을 하지 못합니다. 갑자기 생리가 터지면 친구들이 와서 "야, 리대 있냐?" 이러거나 조심스럽게 "너 그거 있어?" 하고 속삭입니다. 남자친구들이 있어도 "나 생리해" 하고 자연스럽게 이야기하는 게 당연한 것인데 말입니다. 제가 자연스럽게 "생리를 해서 생리통 때문에 배가 너무 아프다, 앉아 있기가 너무 힘들다"고 말하면, 옆에 있던 선생님이나 남자애들이 "야, 넌 그걸 부끄럽게 어떻게 그렇게 대놓고 말하냐. 여자로서 부끄러움이 없냐" 하는 식의 반응을 보입니다.

여성 혐오의 문제에 있어 학교도 달라져야 합니다. 이런 문제를 해결하는 데 더 이상 여자들이 조심해야 할 일이 아니라, 여자들도 더 편하고 당당하게 다닐 수 있게 되기를 바라봅니다. ∞ 고등어

두리번거리는 나를 보며
정말 짜증나고 슬펐습니다.

●

     여성이라면 누구나 공감하고 남성이라면 "그래서 뭐 어떻다는 건데?"라는 대답을 들을 경험이 많습니다. 집 앞에 잠깐 나갔다가 일이 생겨 낯선 남성에게 도움을 받았습니다. 고마운 일이었으나 그 남성은 자신이 바로 이 근처에서 일한다며 1. 집이 어디냐, 2. 나이가 어떻게 되냐 3. 만나고 싶으니 전화번호를 알려 달라고 했습니다. 세 가지 모두 후덜덜한 질문인데 그 사람은 너무나 태연하게 웃으며 이야기를 하더군요. 아마 제가 얼마나 무섭고 긴장했는지는 꿈에도 생각하지 못했겠죠. 어쩌면 좋으면서 싫은 척을 한다고 생각했을 수도 있고요. 하필 그 남성을 만난 곳이 바로 집 앞이라 무서움을 참고 헤어져 한참을 동네를 헤매다 귀가했습니다. 그 뒤로도 한동안 집을 출입할 때 두리번거리는 저를 보며 정말 짜증나고 슬펐습니다. 강남역 소식을 접하고 바로 떠오른 사람이 그 남성이었습니다. 살해 현장을 우리 집 앞으로 바꾸어도 전혀 놀랍지 않았습니다. 그래서 분노합니다. 전혀 공평하지 않거든요. 그렇지 않은 삶을 살기 위해 어떻게 하면 좋을지 곰곰 생각하는 나날입니다. ∞ 쿠나

무언가 정말 많이
잘못되었습니다.

●

　　안녕하세요. 필러버스터에 참여하고 싶지만 제가 오
스트리아에 거주 중이어서 사정 상 어려워 이렇게 메일을 보
냅니다. 저는 운이 좋아 살아남아 여기에 있습니다. 이번 강
남역 사건을 보면서 수많은 죽을 뻔한 순간들이 기억났습니
다. 수많은 성폭행, 성추행과 같은 말들이 기억났습니다. 같
은 반 남자애가 성기를 만진 일부터 지하철 안에서 사람이 붐
빌 때 누군가 뒤에서 제 가슴을 더듬거리던 일, 고등학생 때
삼촌이 엉덩이를 만졌는데 기분이 나빴지만 친척 어른이라
아무 말도 하지 못했던 일, 술 취한 남자에게 DVD방으로 끌
려간 일 등 말입니다. 왜 이런 폭력들이 너무나도 일상이 되
었을까요? 무언가 많이 잘못되었습니다. 무언가 정말 많이
잘못되었습니다.

　　강남역 포스트잇들을 보며, 그리고 이에 따른 언론과 온라
인의 반응을 보며 크나큰 간극이 너무나 슬펐습니다. 한쪽에
서 포스트잇에 글을 쓰고 울며 애도하는 동안, 다른 한쪽에서
는 이 범죄에서 미소지니(여성 혐오)를 지워내려 하고, 어느
누구는 왜 사람을 잠재적 범죄자로 몰아 가냐고 합니다. 어엿

하게 범인이 "여성이 무시해서", "여자가 들어오기를 기다리다" 죽였다고 하는데도 말입니다. 번화가에서 한 여성이, 남자친구와 있는 상태에서, 아주 잠시 화장실을 간 사이였습니다. 수많은 여성들이 공감하고 추모하는 이유는 "너의 죽음은 나의 죽음"이란 한 포스트잇의 글귀처럼, 이 죽음은 누구에게나 일어날 수 있는 매우 일상적인 폭력입니다.

한때는 지치거나 약해 보이면 순식간에 성추행범들이 꼬이니 매일같이 짙은 화장과 가죽 재킷을 고집하며 다니기도 했습니다. 이상하게 짙은 화장과 피어싱을 하면 아무리 짧게 입어도 성추행이 없더군요. 하지만 지금은 생각이 달라졌습니다. 중요한 것은 우리가 어떤 옷차림을 해도, 어떤 상태에서라도 여성이 안전하게 일상을 살아낼 수 있는 사회가 되어야 한다는 것입니다.

저는 더 이상 참지 않겠습니다. 유머랍시고 던지는 혐오 발언부터 눈앞에서 일어나는 폭력까지 모든 순간에 곤경에 처한 여성을 도울 수 있도록 용기를 내겠습니다. 어떤 여성도 죽게 두지 않겠습니다. 우리 모두 조금씩 용기를 냈으면 좋겠습니다. ∞ Y****

"나는 내가 페미니스트라고
말하는 게 자랑스럽다."

●

조디 포스터

그들은 내게 여자답게 굴라고 강요할 수 없어, 나는 이미 여자니까.

●

청소년기 선머슴같이 살았던 저에게 "여자답게 지내라"는 말은 마치 쇠사슬 같았습니다. 조신하고 얌전하게 까불지 말고 순종적으로. 그 모든 것들이 집결되어 있는 말이었습니다. 당시를 생각해보면 마냥 안타깝습니다. 스스로에게 "여자답다는 건 조신하고 얌전하게 까불지 말고 순종적으로 처신하는 것이 아니야. 그들은 내게 여자답게 굴라고 강요할 수 없어, 나는 이미 여자니까." 그렇게 말해주지 못했던 자신이 안타깝습니다. 그리고 제 주변에 그런 어른이 없었다는 것 또한 안타깝습니다. 여자답지 못한 나로 살아오던 저에게 '이 땅에서 여자로서의 삶'을 돌아보게 된 것은 참으로 다행스러우면서도 고통스러운 일이었습니다. 그저 모르고 무시하며 남의 일처럼 살던 일들이 사실은 나의 이야기였고, 친구들과 가족들의 이야기였으며 모든 여성들의 이야기였습니다.

환해진 시야로는 슬픔이 가득했습니다. 소라넷 사건이 불거지고 강간모의 글들과 강간후기들이 올라오는 것을 보았습니다. 화장실에 들어가 구멍이란 구멍은 모조리 휴지로 막으며 혹시 천장에 몰래카메라가 있을까 싶어 고개도 들지 못했습니다. 남편에게 목이 졸려 맨발로 택시를 타고 도망쳐 자기 어머니에게 달려간 친구의 이야기를 들었습니다. 때로 기막히는 뉴스가 있을 때면 타지에서 공부하는 여동생에게 전화를 걸었습니다. 쉽게 입을 떼지 못해 한참을 겉돌다가 이야기를 하고 조심하라고 말했습니다. 전화를 끊고 '대체 애가 뭘 조심할 수 있을까. 나조차도 뭘 조심해야 하는지 모르겠는데' 하고 생각했습니다.

한동안 괴로움에 잠들지 못했습니다. 분노로 온종일 열에 들떠 일이 손에 잡히지 않았습니다. 하지만 단 한 번도 '내가 이런 이야기들을 몰랐다면, 여자들의 인권에 대하여 시선을 돌리지 않았더라면' 하고 후회해본 적은 없습니다. 단 한 번도요. 언제나 강인하게 그 자리를 지키며 소리 높여 여성의 권리를 말하는 모든 분들께 감사의 말씀을 드리고 싶습니다. 그리고 끔찍한 사건으로 삶의 기회를 박탈당한, 단지 그 화장실을 들렀던 7명의 사람 중 여자였기 때문에 살 수 없었던 피해자에게 이루 말할 수 없는 슬픔을 담아 명복을 기원합니다. 피해자 가족분들의 삶을 위해서도 늘 기도하겠습니다. 마지막으로 제가 늘 가슴에 품고 사는 밀턴 마이어의 글귀를 남겨둡니다. "전환기의 최대 비극은 악한 사람들의 거친 아우성이 아니라, 선한 사람들의 소름끼치는 침묵이다." ∞ G***

저와 여동생과 남동생은
그렇게 살아남았습니다.

●

    90년대 초 안산의 어느 동네에서 한 가정의 첫째 딸로 태어났습니다. 남성우월주의와 가부장제의 피해자이자 가해자인 할머니는 제가 딸이라 실망하셨지만 어머니는 첫 아이인 제가 마냥 좋았다 하셨습니다. 그렇게 저는 살아남았습니다. 그로부터 몇 년 후 어머니는 둘째 아이를 임신했고 열 달 후 여동생을 낳았습니다. 할머니는 많이 실망하셨고 그런 할머니의 악담을 고스란히 짊어져야 했던 어머니는 자책하며 갓 태어난 아이에게 서운함을 느꼈습니다. 그렇게 저와 제 여동생은 살아남았습니다. 그로부터 몇 년 후, 어머니는 셋째 아이를 임신했습니다. 과일 태몽이라는 말을 들은 할머니는 이번에도 분명 계집아이일 거라며 낙태를 하라 강요했습니다. 어머니는 깊이 고민했고 아버지는 그 사실을 알자 낙태하면 이혼을 하겠다며 엄포를 놓았습니다. 그렇게 저와 여동생과 남동생은 살아남았습니다.

    열일곱의 어느 날, 등교하는 버스 안에서 저는 옆에 앉은 젊은 남성에게 성추행을 당했습니다. 저는 소위 '찌질이'라 불리는 평범한 소녀였고, 교복치마는 무릎 언저리에서 팔랑

거릴 만큼 길었습니다. 열여덟. 어느 주말의 낮에 친구와 함께 수원역의 노래방 건물에서 두 명의 나이든 남자들을 만났습니다. 그들은 우리에게 mp3에 노래를 저장하는 법을 알려달라며 바로 옆의 성인PC방을 가리켰습니다. 멍청할 만큼 순진했던 저는 어려운 일이 아니니 그러자고 하려 했지만 친구는 제 손을 잡아 이끌었고 그렇게 저는 살아남았습니다.

스물하나. 오후 1시경, 저는 친구와의 약속을 지키기 위해 버스정류장으로 향했고 트럭에 탑승한 두 명의 30대 남자들을 만났습니다. 그들은 제게 계속해서 같은 길을 물어보며 몇 번이고 똑같은 대답을 들었고, 서너 번쯤 반복했을 때 트럭 문을 열며 내비게이션에 직접 입력해달라고 트럭에 탑승하길 종용했습니다. 왠지 모를 안 좋은 낌새에 거절했고, 그렇게 저는 살아남았습니다.

스물넷. 어느 여름의 퇴근하는 버스 안에서 에어컨 바람의 쌀쌀함을 느끼며 피로에 지쳐 잠들었고, 어느 순간 허벅지에 느껴지는 이질적인 온기에 눈을 뜬 나는 옆자리에 앉은 중년의 남자가 내 다리 위에 더러운 손을 얹어놓은 것을 보았습니다. 공교롭게 그 남자는 저와 같은 정류장에서 출퇴근을 하였고 저는 1년 반 동안 역겨움과 혐오감에 눈살을 찌푸려야 했

거리에 선 페미니즘

습니다.

　스물다섯. 긴 야근을 마치고 집에 들어가던 새벽 1시경, 저
는 좁은 길 위에서 잔뜩 취해 이상한 소리를 연거푸 내뱉으며
비틀거리는 젊은 남자를 보았고 그가 해코지를 할까 두려웠
습니다. 그는 난간에 기대었고 그렇게 저는 살아남았습니다.

제 딸은 이른 새벽의 맑고 청량한 푸른빛 냄새를 자유로이 느낄 수 있기를 바랍니다.

　그 당시에 남자친구에게 연락하여 "저 사람이 나를 해칠까
무섭다"고 했지만 그는 전혀 이해를 못하며 그냥 "늦었으니
어서 집에 가라"고 말할 뿐이었습니다. 제가 처한 상황이 별
일 아닌 듯 치부해버리는 그의 말이 이해가 가지 않았습니다.
그리고 금세 깨달았습니다. 아, '남자는 그런 일도 없었거니
와 앞으로도 영원히 겪을 일이 아니구나.' 그래서 그렇게 쉽
게 말할 수 있었던 것이었습니다. 그저 타인과 한 공간에 있
다는 그 이유만으로 미래가 난도질당할 일은, 그에겐 매우 높
은 확률로 일어나지 않을 일인 것입니다. 그는 친구들과 헤어
질 때 "조심히 가", "집에 도착하면 연락해"라고 하지 않을 것
입니다. 그는 늦은 시각 홀로 집에 돌아갈 때 귀를 쫑긋 세우

고 사방을 두리번거리며 걸음을 재촉해본 적이 없을 것입니다. 그는 인적 없는 길을 여자와 공유한다 해서 그녀가 자신을 해칠까 두려워해본 적이 없을 것입니다. 그는 택시를 탈때 차량번호와 기사의 이름을 친구들에게 전송하며 택시가 지나가는 길들을 예의 주시해 본 적이 없을 것입니다. 그는 공중화장실을 사용할 때 소형 카메라가 그의 성기를 촬영하고 있을지도 모른다는 생각을 해본 적이 없을 것입니다. 그는 여자가 자신을 아래위로 훑으면서 빤히 쳐다보는 불쾌감을 모를 것입니다. 하지만 이것들은 그녀들에게는 지금 이 순간에도 일어나고 있는 현실이며 그들이 경각심을 가지고 언행을 올바르게 취하지 않는다면 앞으로 계속 겪게 될 미래입니다. 저는 제 딸은 이른 새벽의 맑고 청량한 푸른빛 냄새를 밖에서 자유로이 느낄 수 있기를 바랍니다. ∞ 김샷슴

"용감하고 정직한 목소리와 말들의 힘으로 할머니, 어머니, 그리고 딸들이 그들 자신을 치유하고, 나아가 세상을 치유할 것이라고 믿는다."

●

이브 엔슬러

여성 폭력 중단을 위해서
나는 무엇을 할 것인가
선언문

여성 폭력 중단을 위해 나는

"난 여자 좋아하니까 여성 혐오 안 해"라고 말하는 사람에게 여성 혐오에 대해 알려줄 것이다.

끊임없이 대화를 할 것이다.

직접 나서서 말하며 더욱 강해지기 위해 노력할 것이다.

진짜 완전 지랄할 것이다.

부당한 일을 겪을 때 더 이상 웃고 넘기지 않을 것이다.

성폭력을 당했을 때 싫다고 발언을 할 것이다.

개념녀가 되기를 거부할 것이다.

끊임없이 주변에 분발해주길 요청할 것이다.

이미 나쁜 여자로 더 나빠질 것이다.

기꺼이 나쁜 페미니스트가 될 것이다.

분노할 것이다.

함께할 것이다.

여성도 주체가 되는 세상을 꿈꾸는 사람들과 답하는 사회를 만들 것이다.

살아남아서 내가 여성이라는 이유로 죽지 않게 할 것이다.

침묵하지 않을 것이다.

목소리를 내고 피해에 지지할 것이다.

예민해질 것이다.

더 설치고 말할 것이다.

사회에 목소리를 내고 적극적으로 여혐 사회를 없애기 위해 노력할 것이다.

두려움을 잊고 끊임없이 말할 것이다.

안전이라는 당연한 것을 누릴 수 있게 계속해서 설득할 것이다.

가만히 있지 않을 것이다,

지치지 않을 것이다.

계속 떠들고 입금할 것이다.

계속해서 이야기하고 행동할 것이다.

현실을 바꾸려고 행동할 것이다.

불편해할 것이다.

익숙함에 길들여지지 않을 것이다.

주변 남자들과 더 많이 싸우고 주변 여자들을 더 주의 깊게 지켜볼 것이다.

남성으로서 여성의 목소리를 경청할 것이다.

지치지 않고 발언하며 겁내지 않고 행동할 것이다.

끝까지 포기하지 않고 이야기하고 배우고 기억하고 행동할 것이다.

두려워하지 않고 말하고 행동할 것이다.

개인으로 목소리를 내고 단체를 지원하고 특별법 제정을 지지할 것이다.

계속 쓰고 이야기할 것이다.

주눅 들지 않고 밤늦게까지 내가 입고 싶은 옷을 입고 놀고 싶은 만큼 놀고 하고 싶은 말 하고 누구에게도 해를 끼치지 않은 채 행복하게 귀가하는 삶을 살 것이다.

사소한 것도 말하고 작은 것도 그냥 넘기지 않을 것이다.

끊임없이 요구할 것이다.

거리에 나설 것이다.

함께 연대할 것이다.

할 수 있는 만큼 할 수 있는 한 크게 떠들 것이다.

폭력 자체를 반대할 것이다.

더 이상 피하지 않고 마주할 것이다.

나를 건드리는 새끼들은 한 놈도 빠짐없이 다 고소할 것이다.

설치고 말하고 떠들고 생각할 것이다.

끝까지 노력할 것이다.

계속해서 싸울 것이다.

반항할 것이다.

지속적으로 문제 제기를 할 것이다.

침묵하지 않을 것이다.

'여성 폭력 중단을 위해서 나는 무엇을 할 것인가' 선언문은 온오프라인으로 필리버스터 시간을 함께한 200여 명의 시민들의 글을 모아 만들어졌습니다. 여성 폭력 근절을 위해, 그 중단을 향하는 길에 우리의 이 작은 시도가 희망의 불씨가 되길 바랍니다.

"오늘의 이야기는 끝이 아닙니다.
바로 지금부터가 시작입니다."

모든 것이 달라질 것이다

말하면 나아지나요

이 책에는 2016년 5월 17일 강남역 10번 출구에서 일어난 여성 혐오 살인사건을 추모하기 위해 신촌 광장에 모인 사람들이 쏟아낸 42개의 연설문이 실려 있다. 강남역 10번 출구에 붙여 있던 1004개의 포스트잇이 시작이었다. 아니 그로부터 1년 전, "설치고 말하고 생각하는 여자"는 질색이라는 한 남자개그맨의 말로 촉발된 흐름이 시작이었다. 벌써 2년이 다 되어가고 있다. 그리고 지금 현재 2016년 10월에는 거의 모든 문화예술영역의 여성 혐오와 성폭력 문제를 이야기하는 해시태그 말하기가 이어지고 있다. 한 번 말하기 시작한 여성들은 좀처럼 멈추지 않고 있다.

요즘 우리 사회에 말의 힘은 점점 사라지고 있다. 권력자들은 말하지 않아도 복심을 읽어내주는 심복들과 함께 하고, 특권을 가지고 있는 자들은 "달그닥 훅" 같은 말도 안 되는 문장을 써도 얼토당토 않는 보상을 받는다. 약자들이 아무리 말해도 힘 있는 자들이 들어주지 않으면 아예 아무에게도 말이 닿지 못하는 사회에서, 말 자체의 고유한 힘은 이제 철지난 농담 같은 이야기가 되고 있었다. 저잣거리에 떠도는 말들은 모욕이나 혐오로 가득 차 있다. 특권을 가진 자들은 보통의 사람들에게 모욕을 던지고, 보통의 사람들은 자기들보다 약한 자를 찾아 혐오를 발산하는, 그야말로 아수라장이다. 그 와중에 어떤 배운 자들은 그저 문제를 덮어두기 위해 '아무 말'이나 하고 있다.

하지만 당사자들이 자기 자신에 대해 말하기 시작하자, 모든 것이 달라지기 시작했다. 자신 역시 당사자 중 한 명이라고 느낀 수많은 여성들이 강남역 10번 출구에서 일어난 살인 사건을 충격적으로 받아들였고 애도를 표했으나, 성별이라는 변수를 어떻게든 삭제하려고 하는 사회를 함께 목격했던 것이다.

5월 17일에 강남역에 모인 많은 여성들은 "나는 우연히 살아남았다"고 말했다. 그로부터 3일 뒤 신촌에 모인 42명의 연설자들은 "나는 살아남은 게 아니라 사실 죽어가고 있다"고 말하며 "반드시 함께 살아남자"고 말한다. 이렇게 강력한 말의 힘과 집단적인 정치적 자각이 일어나는 광경을 지켜볼 수 있어서 다행이었다. 하지만 벌써 사람들이 여럿 묻는다. "이렇게 말해봤자 뭐가 달라지나요"라고. 이 질문에 답하기 위해 이 글을 쓴다.

모든 것이 달라진다

2003년, 국내 최초로 성폭력 피해 생존자들의 말하기 대회를 준비할 때였다. 행사를 준비하던 나는 "꼭 말해야만 하나요? 말하면 나아지나요?" 이런 종류의 질문을 계속 들었다. 그 질문 앞에 늘 막막했다. 아무도 앞에 나가 말해본 적이 없는데, 나아지는지는 어떻게 알 수가 있단 말인가. 행사를 준비하던 3개월 내내 끊임없이 같은 질문을 하는 사람들에게 어떤 것도 약속할 수 없어 괴로워하던 중에 문득 깨달았다.

'아, 이들이 계속 묻는 이유는 말하고 싶어서구나.'

그때부터 나는 그 질문에 이렇게 대답했다. "나아질지 여부는 모르겠지만 적어도 말할지 말지 고민은 안하게 될 거예요. 그리고 나면 더 나아지거나 혹은 더 나빠지거나 어떻게 될지 모르지만, 확실히 그전하고는 달라질 거예요."

시인인 뮤리엘 루카이저는 이렇게 썼다. "만약에 여성이 자신의 삶에 대해 진실을 털어놓는다면, 세상은 어떻게 될까? 아마 세상은 터져버릴 것이다." 루카이저의 이 문구는 케테 콜비츠의 그림을 보고 쓴 시였다. 케테 콜비츠는 1, 2차 세계 대전이라는 비극을 여성의 입장에서 재해석한다. 전쟁 속에서 아이를 낳고 키우는 일은 생명을 기르는 것이 아니라 사람을 죽이는 병사를 키워내는 일이 된다. 그녀는 모순 속에 놓여 있는 여성의 입장에서 전쟁을 반대하는 선연한 메시지를 판화로 새겨낸 화가였다. 이렇게 여성들이 자신의 목소리로 세상을 향해 말하기 시작하게 되면, 기존의 모든 질서가 완전히 다르게 해석되기 시작한다. 일단 말을 하기 시작하면, 모든 것이 달라진다.

1인칭으로 말하기

여성들이 자신의 경험에 대해서 '나'로 시작하는 말을 한다는 건, 역사적인 변화이다. 오랫동안 여자들은 이야기 속에 있었지, 이야기를 말하는 사람은 아니었다. 1인칭 '나'는 언제나 남자였고, 이야기 속에 있는 여자가 1인칭을 사용해서 '나'라는 말을 시작하면 그 경험은 너무나 사적인 것이거나 예외적이거나 사소한 것으로 치부되기 십상이었다. 남자들은 1인칭을 사용하면 주관적인 시점에서 주인공에 동일시하도록 이끌 수 있고, 3인칭을 사용하면 객관적 거리를 유지하여 세계에 대한 새로운 시야를 가질 수 있었다. 하지만 여자들의 1인칭은 주관적이라기보다는 감정적으로 묘사되었고, 여자가 3인칭 이야기의 화자가 되는 일은 드물었다. 하지만 여성들이 스스로 이야기꾼이 되어서 자신을 1인칭으로 등장시키기 시작하자 많은 것이 달라졌다. 세상을 경험하는 여주인공의 1인칭 시점에서 여성의 감정은 변덕스럽거나 믿을 수 없는 것이 아니라 모험을 앞둔 사람의 설렘과 흥분, 불안을 보여주는 방식으로 묘사되었고, 예민하거나 까다로운 것으로 보였던 행동은 충분히 그럴 만한 상황에 대한 설명과 함께 전개되었다. 내가 나의 경험에 대해 스스로 말한다는 것, 이 당연한 일이 여성들에게는 오랫동안 성취되어야 할 권리였다. 문화평론가인 셀리아 루리는 여성들의 자전적인 이야기를 페미니즘적으로 독해하며 "처음으로 자신의 목소리를 낼 수 있게 된 여자 작가들에게 1인칭 시점의 서술은 침묵되었던 여성들의 이야기를 효과적으로 말할 수 있는 수단이었으며, '나'라는 호칭으로 이야기할 수 있는 권리에 대한 정치적 자각을 포함하고 있다"고 말한다.

피해자로서만 말하게 되지 않으려면

페미니스트들이 배제당해온 당사자들의 말에 대한 관심

을 가지는 이유는, 당사자들이 배제된 해석에 반대하기 때문이다. 페미니스트들은 "여자란 무엇인가"라는 질문을 던져놓고, 그것을 수수께끼로 만드는 남성철학자와 그 수수께끼를 풀겠다고 덤비는 남성과학자들의 언어 게임이 여성을 세계로부터 소외시켜왔다고 비판해왔고, 그 비판의 대안 중 하나로 배제된 자들의 목소리를 복원할 것을 제안해왔다.

하지만 아무리 '나'로 말해봤자. 다른 이들에게 닿을 수 없다면 소용이 없다. 특히나 여성들의 '피해'에 대한 증언들은 잘못 이해되는 일이 허다하다. 피해자에 대한 관심은 피해를 가중시키면 가중시켰지 피해자의 고통에 대한 관심으로 전환된 일은 거의 찾아보기 어렵다. 피해자에 대한 강력한 이미지가 존재하는 상황에서 '피해'에 대한 증언은 피해자의 해석과 경험이 아니라, 종종 가해자의 행위이자 사건으로 이해되어 사건의 중심은 가해자에게 맞춰진다. 피해자로서의 말을 시작하자마자, 피해자들은 피해자로서의 말 외에 다른 말은 모두 소거되기 일쑤다. (외부적 폭력으로 인해 야기된) 피해를 중심으로 정체성이 구성되기 시작할 때, 한 개인의 입체적 역사는 극단적으로 축소된다. 이런 상황에서 오직 사건의 증인으로서만 호명되는 당사자의 말하기는 어떻게 가능한가. 이것은 "여성의 경험을 듣자"거나 "목소리를 복원하자"는 원칙

거리에선 페미니즘

만으로는 해결될 수 없는 문제다. 자칫하다가는 피해 경험에 대한 사회적 이해는 확산되지 않은 채 피해 정도에 따라 혹은 피해자가 처해 있는 상황과 위치에 따라 단순가산하면서 피해자의 목소리가 다시 위계화될 수도 있고, 피해자로서의 목소리만 남게될 가능성도 크다. 피해자는 피해에 대해서 어떤 말을 하고 싶어 하고, 왜 하려 하는가. 왜 타인이 그 이야기를 들어야 하는가. 즉, 억압 혹은 피해 경험을 어떻게 듣고 말해야 할 것인가의 문제가 남아 있다.

2인칭의 말 걸기

1인칭의 말하기 다음에는 그 말하기의 맥락을 짚어주며 관객들에게 직접 말을 거는 2인칭 화법의 변사들이 필요하다. 하지만 때로는 변사가 필요 없는 순간이 있다. 그것은 바로 '연설'이다. 2016년 2월 국회에서 테러방지법을 막기 위해 야당 국회의원들이 진행한 필리버스터는 한국의 국회에서 처음으로 정쟁이 아니라 말이 들렸던 역사적 순간이었다. 그리고 2016년 5월 20일, 강남역 살인사건이 일어나고 3일 후에 한국여성민우회가 신촌 공원에서 여성 폭력 중단을 위한 필리버스터를 시도했다. 강남역 10번 출구가 애도를 표하고 싸움의 시작을 알리는 공간이었다면, 5월 20일의 신촌 공원의 필리버스터는 이 싸움의 필요와 성격을 알리는 증언과 연설의 장이었다. 이 책에 실린 42명의 발언은 영락없는 '연설문'이다. 당일에 즉석으로 참가 신청한 사람들이 대부분이었으므로, 사전에 미리 준비할 수 없었던 행사였는데도 이런 멋진 즉석 연설문들이 나올 수 있었다니, 말이 목까지 차올라 있었지 싶다.

광장에서 마이크를 잡은 여성들은 여성의 일상적 삶에 침투되어 있던 두려움에 대해 말하기 시작했고, 그 두려움이 오직 여성에게만 해당되는 것이었다는 깨달음에 대해 증언했다. ("큰 개를 산책시키다가 알았어요. 아빠가 개를 데리고 다닐 때는 아무도 왜 그렇게 큰 개를 데리고 다니냐고 항의하지 않는다는 걸요." / "조심히 들어가라고 여자애들 사이에서만 그렇게 인사하는 거 알아?라고 친구가 얘기하는 것을 듣고서야 남자들은 그러지 않는다는 걸 알았어요.") 성차별이 어디 있냐는 '무지'한 질문 앞에 어떻게 말해야 할지 모르겠다고 생각하는 사람이 있다면, 이 증언들이 가장 강력한 증거가 될 것이다.

우리는 더욱 '정치적'으로 되어야 한다

뮤리엘 루카이저는 이렇게 말했다. "세상은 원자가 아닌, 이야기로 만들어져 있다." 이야기의 힘은 굉장하다. 인간은 타인에게 공감받고 싶어 한다. 타인에게 공감받기 위해서는 타인에게 공감받을 수 있도록 자신이 겪고 있는 상황을 전달할 수 있어야 한다. 그러한 전달이 필요하지 않은 영역은 인류가 오랫동안 반복적으로 경험해온 것들, 예를 들어 가까운 사람의 죽음, 재산의 손실, 생명의 탄생 등처럼 앞선 경험의 축적으로 말미암아 따로 설명할 필요가 없는 영역이다. 이러한 일반적인 경험이 아닌 경우에, 타인의 공감을 불러일으키기 위해서는 설득력 있는 '이야기'가 구성되어야 한다. 이야기는 실제로 경험하지 않은 일에 대해 상상할 수 있게 만들고, 상상을 통해 감정적 동일시가 만들어질 수 있게 해준다.

만약 고통의 내용을 상상하기 어려운 상태에서 타인의 고통을 만나면 어떻게 될까? 대부분의 사람들은 연민, 동정, 공감이 아니라 그 고통을 보지 않거나 듣지 않으려 한다. 혹은 너무나 잘 상상할 수 있는 고통이라면 또 어떨까? 대부분의 사람들은 신체절단이나 이와 유사한 고통에 대해 상상하는 것만으로도 괴로워한다. 고통은 보지 않으려 하는 것만큼이나, 고통에 대해 '잘 알고 있다'는 감정들은 타인의 타자성을 인정한 상태에서의 공감이 아니라 일종의 정신적인 전이 상태에 불과하다. 때문에 이런 고통스러운 전율은 아주 잠깐 나타났다가 곧 잊혀진다. 감정적 동일시만으로는 공감의 연대를 만들어내는 정치를 지속하는 것이 어려운 이유다. '바로 당신'이 겪고 있는 고통은 어쩌면 '나 대신' 견뎌내고 있는 것이라는 깨달음, 이것이 바로 공감과 연민이 연대의 정치로 전환되는 순간이다.

너가 죽은 것처럼 나도 죽을 수 있다는 두려움은 죽은 자에 대한 애도로 이어졌고 여성 혐오가 이 정도의 폭력으로 분출될 수 있다는 것을 인정하지 않으려 하는 사회에 대한 분노로 불이 붙었다. 그리고 이 분노는 폭력에 압도되지 않고, 여성이 무서워하지 않고서 살아갈 수 있는 사회를 만들자는 정치적 각성으로 나아갔다. ("모두 여기를 뜨고 싶다고 하는데, 우리는 태어난 땅에서 살아갈 권리가 있다." / "단순한 이 사건을 왜 정치적으로 이용하냐고, 맞습니다. 정치적으로 가야 합니다. 여자에게 주어지는 이 공포와 위협이 해결되려면 말이죠.") 이 연설문들은 그래서 슬프고 두려운 이야기에서 시작해서 행복하고 웅장하게 끝난다. 어떤 참가자가 남긴 말처럼. "저는 지나가던 사람이었습니다. 여기 와서 이야기를 들으니까 너무 재미있고 행복하고 아주 웅장한 느낌을 받았습니다." 이제 여성들은 남자로부터 받는 보호가 문제의 해결이 아니라 문제의 원인이라는 걸 깨달았다. 42개의 연설문을 함께 만든 남자들 역시 그렇게 해서는 아무런 변화도 일어나지 않는다는 것을 알게 되었다고 고백한다. 그러니까, "살아남은 우리는 무엇을 할 것인가"라는 질문은 우리 사회의 가장 강력한 정치적 구호이다. 우리는 더욱더 '정치적'이 되어야 한다.

2016년 11월

권김현영

거리에 선 페미니즘

1판 1쇄 펴냄 2016년 11월 18일
1판 3쇄 펴냄 2018년 8월 3일

엮은이 한국여성민우회
해제 권김현영

주간 김현숙 | **편집** 변효현, 김주희
디자인 이현정, 전미혜
영업 백국현, 정강석 | **관리** 김옥연

펴낸곳 궁리출판 | **펴낸이** 이갑수

등록 1999년 3월 29일 제300-2004-162호
주소 10881 경기도 파주시 회동길 325-12
전화 031-955-9818 | **팩스** 031-955-9848
홈페이지 www.kungree.com
전자우편 kungree@kungree.com
페이스북 /kungreepress | **트위터** @kungreepress

ISBN 978-89-5820-416-9   03300

값 12,000원

이 책은 42명 발언자들의 허락으로 만들어질 수 있었습니다.
5건의 대독에 대해서는 서면 확인을 진행 중임을 밝힙니다.